U0437279

家庭的羁绊

如何从原生家庭中解脱和自愈

［美］卡瑞尔·麦克布莱德（Karyl McBride） 著　　赵玉炜 译

WILL THE DRAMA EVER END?
UNTANGLING AND HEALING FROM THE HARMFUL EFFECTS
OF PARENTAL NARCISSISM

湖南科学技术出版社

只 为 优 质 阅 读

好
读
Goodreads

作者按

本书中的例子、轶事和人物均来自我的临床工作、研究和生活经历中的真实人物和事件。相关姓名以及一些可识别的特征和细节已被更改；在某些案例中，我整合了一些人物和情景。本书谨献给我勇敢的来访者们。你们是了不起的存在，生机勃勃、勇敢无畏、鼓舞人心。我以一颗感激之心将你们牢记。

致 谢

在全球疫情大流行和政治局势分裂的环境下，写下本书是种挑战。当今的环境给予我充分的时间去独立地思考与写作，但同时也把我变成了一座孤岛。虽然没有特意与朋友、家人和同事进行互动，但我感谢在这特殊时期里身边人的坚定支持。

每当开始构思新书时，我都会先选出一则简短的鸡汤语来激励自己，然后把这则鸡汤语贴在自己的电脑上。我为第一本书选择的鸡汤语是"追寻你的目标，而上帝会指引你找到梦想之地"；为第二本书选的是"直面困难，不畏艰险！"；而对于《家庭的羁绊》这本书，我选的是"这块磐石不能被冲走！"。而我要感谢的人也是那些没被冲走的磐石。他们坚定不移地站在那里，为我提供支持、帮助和爱的鼓励。

首先我要感谢我的家人们：我的孩子们、孩子们的伴侣，以及我的孙子孙女们，你们对我有着特殊的意义，以许多独特的方式支持着我。你们懂我内心所想，而我也一直与你们同在。感谢你们所有人的爱和支持。我对你们的爱意无以言表。

感谢我的妹妹：感谢你愿意分享自己的故事，并帮忙核对我们二人的成长经历。在那些天里，你无意间的帮助令我受益良多。谢谢你，亲爱的，我永远爱你！

感谢我的经纪人苏珊·舒尔曼：我时常在想，有你在我的写作生涯中担当经纪人是件多大的幸事。我喜欢你用直接坦诚的方式对待我们的所有合作，也十分感念你正直善良的品格、你的专业性和及时反馈的态度；而最重要的是，你的鼓励增加了我的信心。你一直是我坚实的后盾。我对你的尊敬之情与日俱增，也将永远感激你为我所做的一切。我还要特别感谢琳达·米加尔蒂——苏珊·舒尔曼文学经纪事务所的对外事务主管。琳达，你在对外翻译和国际代理商合作方面总是表现出色，非常感谢你的辛勤工作！

感谢自由编辑劳拉·戈尔登·贝洛蒂：劳拉，当你同意和我合作《家庭的羁绊》这本书时，我的内心万分激动。通过之前的合作，我确信了你的经验和专业知识都是无价之宝。有你参与本书的制作，是我的荣幸。在我们共同编辑本书的过程中，你善于倾听并在文字中保留了我本人的风格。我欣赏你的这种独家技能。你宽和耐心的性子、认真核对的态度和全身心投入工作的样子深深烙刻在我的脑海中。我们的每一次交流都令我愉悦。你的存在让这次创作之旅变得顺利而有意义。你真是个可爱的人！谢谢你！

感谢心房（Atria）图书的执行主编利娅·米勒：利娅，我非常感谢你提供的专业知识和重要的编辑建议；感谢你的热忱、支持和友善，以及你对相关敏感材料的理解。谢谢你对本书的肯定。和你一起工作真的很愉快。我还要感谢整个图书团队的成员——麦圭尔·利比、林赛·萨格尼特、达娜·托克、苏珊娜·多纳休、法隆·柯比、TK营销、佩奇·莱特尔、PETK、亚历克西斯·米涅里和埃玛·陶西格。

感谢我的执行助理米歇尔·斯塔克：大功臣米歇尔在我写书的时候负责本人事业的全速运转。米歇尔，你总是态度积极、反应迅速、勤奋严谨地对待工作。我会永远感激你的忠诚，以及你对所有研讨会、在线工作和商业项目的支持。你是最棒的！我也特别感谢你的丈夫温德尔，他总是在我们需要的时候给予极大帮助。

感谢社交媒体助理萨拉·施瓦利尔：感谢你帮我们跟踪社媒帖、负责营销以及出谋划策。谢谢你，萨拉，谢谢你加入公司以来的出色表现。我称你为"阳光女孩"，因为你始终是我们的啦啦队队长、倾听者和激励者。你特殊的魅力就像洒进房间的一束阳光。

感谢我的个人助理桑德拉·莫利纳：桑德拉负责为我们恢复能量。她总是在跑腿、采购、打扫，以及忙于其他琐事，是我们的幕后英雄。桑德拉，拥有你和你的家人一直是我的福气。谢谢你们！

感谢我的管家兼好友卡罗莱娜·迪卢洛：莱娜，你是最棒的。你帮我打理了我没空打扫的房间，而更值得一提的是我们多年的美好友谊。我深深地爱着你。谢谢你的支持。

感谢克里斯·基茨米勒，我的IT专家：克里斯，我多年的朋友，谢谢你一直以来的陪伴和你为我做的一切。非常感谢。

感谢凯特·亚历山大，一名有执照的临床社会工作者（LCSW），我的同事和好友：我能够向你转介一些功能失调家庭的儿童和青少年，这真是上天的恩赐。而作为一名儿童和青少年治疗师，你的专业能力也非常出色。你对自恋型家庭的复杂性有着深刻的理解，令我刮目相看。在我的创作过程中，你还给予了我陪伴和支持。我们的每一次长谈，即使是在疫情期间的通话，也让我在接下来的许多天里内心通透。你真是一个可敬可爱的人。

感谢艾莉森·布里特森，我的同事兼好友：艾莉森，我无法数清这些年来我们做过多少次咨询，尤其是我书里提到的那些。感谢你的不离不弃和勤奋工作，我也特别难忘那些在早上6点边喝咖啡，边和你进行的对话。尽管我们当时都有点困，但那些谈话真的很酷！

感谢我的来访者们：再次感谢我所有勇气可嘉、鼓舞人心的来访者。你们积极地寻求康复之道，成功改变了自己的生活。在此，我就不赘述你们所有人的姓名了。能够成为你们治愈之路的一部分，这让我感到无比荣幸。本书谨献给每个特别的你。

目录 Contents

关于本书 /1

第一部分　自恋型家庭 /001

第一章　自恋型家庭的功能失调　　　　　　　003

第二章　畸形的沟通方式　　　　　　　　　　026

第三章　有声和无声的规则　　　　　　　　　045

第四章　家庭角色组成　　　　　　　　　　　061

第二部分　自恋型养育的影响 /087

第五章　被延缓的情感发育　　　　　　　　　092

第六章　被破坏的信任力　　　　　　　　　　106

第七章　被抑制的"分离—个体化"过程　　　124

第八章　受损的自我价值感和复合性创伤后应激障碍　　141

第三部分　治愈与解脱 /161

第九章　第一步——接纳、哀悼和处理创伤　　169

第十章　第二步——分离与个体化　　　　　　185

第十一章　第三步——重新养育受伤的内在小孩，
　　　　　成为真正的自己　　　　　　　　　208

第十二章　第四步——处理你和自恋父母及其他
　　　　　家人的沟通模式　　　　　　　　226

第十三章　第五步——走出畸形之爱带来的阴影　248

附录　自恋型人格障碍诊断标准 /270

关于本书

2008 年，我写下了《母爱的羁绊》(*Will I Ever Be Good Enough?*)，其内容是关于自恋母亲及其对女儿的负面影响的。我告诉读者，这本书不仅是我多年研究的成果，而且"是一场把我带回少女时期的灵魂之旅。那时候，我知道有些事情不对劲，也感受到了养育者的缺位，却不知道这背后的原因是什么"。这本书触动了国内外读者的神经，被翻译成 19 种语言，引起了全世界读者的反响。

在写下那本书的时候，我知道自己是在揭示一个禁忌的话题，而该话题的揭示能将千万女性引向康复之路。同时，我也意识到自己还有很长的路要走。在接下来的十年里，我接触到了很多男男女女，这些人迫切地需要指导，以克服他们在自恋型父母控制的家庭中所遭受的心理创伤。《家庭的羁绊：如何从原生家庭中解脱和自愈》是为数百万成年人写的。他们曾在自恋型父母的陪伴下长大，现在希望克服过去所遭受的情感创伤，获得真正完整、自由的人生。

我把由一名或多名自恋型父母主导的家庭定义为自恋型家庭。在自恋型家庭中，父母迂回而取巧地否认其他成员（尤其是孩子）的个人力量、完整性和潜能，以垄断家庭权力。自恋是一种谱系障碍，而自恋者会呈现出从轻微到极端的行为特征，这些特征呈连续性，从部分自恋特质的显现到严重的自恋障碍性疾病。随着自恋者自恋程度的加深，与之交往的人会遇到更多的问题。也就是说，和自恋者交往的人总会遭到某种程度的贬损。

自恋者过于专注自我，他们不能无条件地热爱、同情或支持其他个体，因此他们并不是合格父母的完美人选。无私、同情和耐心——这些在养育和支持孩子的过程中所必需的美德通常不存在于自恋者的情感世界里。自恋型父母一般不会意识到他们的心理局限和给孩子造成的严重伤害。

虽然研究自恋的文章有很多，但它们鲜少涉及那些在自恋型父母阴影下成长的个体，更不会提到自恋型家庭的各种模式是如何代代相传的。如果不加以干预，这种模式往往就会在家庭关系的基因中生根发芽。为了弥补这方面的缺失，《家庭的羁绊》应运而生。这本书会让在自恋型家庭中长大的读者不再重蹈覆辙，并提高他们的心理和情感健康水平。

我在一个自恋型家庭中长大，在那里，别人的快乐——尤其是我们这些孩子的快乐——是对不健康的父母权力机制的重大挑战。因此，我这辈子的奋斗目标之一就是允许自己体验和表达快乐。和许多自恋型父母的孩子一样，没有人鼓励我走上成功的道路；而当我获得成功，或是感到恣意快活的时候，我的父母就会展现出一种可怖的能力——他们给我泼冷水，而不是鼓励我前行。这让我习得了一种自我怀疑的倾向，这份怀疑伴随着长期的低警惕意识——因为我总是等待最坏的结果降临在我身上。当我还小的时候，我任何发自内心的欣喜之情都会遭到严厉的评判。这意味着我的快乐被转化成了一种羞耻、内疚和自我怀疑的情感。这太令人困惑了！我从小就有一种强烈的感觉，那就是最好不要太高兴或放松，因为你永远不知道不幸会何时降临。

我的经历促使自己成为一名治疗师和教育工作者，帮助他人摆脱自我压抑和自我扭曲；这些糟糕的产物都诞生于自恋型家庭的养育中。帮助生活在自恋阴影下的幸存者，使他们最终能够直接而充分地体验生活的乐趣，是我毕生的追求。

我的热情和决心促使我去了解自恋式教育的严重危害以及它是如何破坏权力关系的平衡，从而扭曲家庭关系，对孩子造成持久有害的影响的。最重要的是，我的工作帮助了许多人——从青少年到古稀老人——摆脱了衰败的家族命数，蜕变为自由的个体。

本书分为三个部分。在第一部分"自恋型家庭"中，你将对以下方面有更深入的了解：自恋型家庭系统的多种动态模式；有意义的交流是如何被截断的；有声和无声的规则造成的困惑之处；为什么你的需求不被重视，得不到满足；你为什么不能像你希望的那样亲近你的兄弟姐妹；为什么你的家庭持续让你感到困惑。

在第二部分"自恋型养育的影响"中，我将解释自恋型父母是如何抑制孩子自我表达、信任自己和他人的能力的。你会明确地知道以下问题的答案：为什么自恋型家庭会延迟情感发育；为什么彼此的信任关系会被破坏；为什么你会缺失自我价值感；为什么复合性创伤是自恋型家庭带来的后遗症。

最后，在第三部分"治愈与解脱"中，我将提供一种循证有效的五步康复法。它将专注于这些方面：承认自恋型养育带来的创伤，哀悼你失去的一切；和"有毒"的父母保持心理距离，并学会有效个体化；克服羞耻和内疚感；发现并尊重真实的自我；如何在康复期处理和自恋型父母的关系。最终，这部分会谈到如何结束这份传承下来的畸形之爱。

我很荣幸能与你们分享我的知识、经验、指导方案以及我勇敢的来访者那些鼓舞人心的故事。他们挣脱了自恋型家庭系统，找寻到了自由和快乐。欢迎你们和我一起翻阅本书，开启一段治愈之旅。

第一部分

自恋型家庭

我们之所以成为现在的模样,
是因为彻底而坚决地拒绝了别人对我们的塑造。

——让-保罗·萨特

第一章

自恋型家庭的功能失调

我一直都知道家里出了问题,却无法搞清楚问题的本质。我知道爸爸的力量掌控着一切,妈妈像颗卫星般围着他转。而我和哥哥的存在似乎只是为了装点他们的门面。直到我有了第一个孩子,并对孩子迸发出那种不可思议的、无条件的母爱时,我才意识到,从来没人这样爱过我。

——珍妮特,35 岁

尽管每个自恋型家庭都有其独特的动态模式和功能缺损,我们还是会发现这些家庭系统之间的共同点。其中最为核心的一点就是,父母一方或双方不能充分满足孩子的情感需求。因此,在这种家庭系统里长大的孩子很难形成强烈的自我意识。

自恋型父母有两种基本形态:他们要么倾向于将孩子吞噬殆尽,要么完全忽略自己的孩子。这两种风格大相径庭,但影响往往一致。

被吞噬型父母抚养大的孩子会非常压抑，无法发展出健康的自我意识；被父母长期忽略的孩子则忙于获得关注。结果，这类孩子只能发展出摇摇欲坠的自我意识，或根本无法发展出自我意识。这两种自恋型育儿方式都标志着自恋者的能力缺失：他们无法抱持任何程度的爱或同理心来看待自己的孩子。自恋者无法识别、处理真实的感受，因此也无法映射其他人包括其子女的感受。

自恋型父母需要孩子来映射出自身的价值。这就意味着，孩子必须呈现出完美的假象以满足父母的需要。他们不允许孩子在任何方面失败或有缺陷，因为这会危及他们的自我价值感。父母把自己的需求放在孩子的需求前面的这种家庭动力模型是失调的——它颠覆了亲子关系的健康运作模式。因此，自恋型父母的孩子无法识别和处理自身感受。他们往往难以信赖自己的感受，也难以与他人建立除互相依存以外的关系。

反观健康型父母，他们能轻易在必要时搁置自身需求，为成长中的孩子提供一致的、充满爱和滋养性质的反馈。他们希望孩子认识到自己的内在价值，所以会赞扬孩子的独特性和可贵之处。健康型父母能够与自己的感受和平共处，这使得他们的孩子可以自由地抒发感受，同时享受健康的关系。这种健康的关系动力模型是灵活轻松、宽容有爱的。孩子们长大成人后会知道自己是谁，也明白自己是被爱和受重视的。因此，他们也有能力感受到快乐，能够塑造出有意义、有深度、能投射自我认同感的人生。当然，健康型父母的孩子也会面临生活上的挑战，失去某些东西以及遇到某些障碍，但是，与自恋型家庭的孩子不同，这些孩子的家庭教育为其形成强烈的自我意识打下了坚实基础。这种自我意识使得他们足以应对这些挑战。

自恋型家庭的标志性特征是什么?我们要怎么知道自己是不是活在这种家庭的阴影之下呢?

自恋型家庭的标志性特征

我花了几十年的时间帮助自恋型父母的成年子女识别并处理他们在成长中遭受的早期童年创伤。自恋型家庭有一些重要的共性,而了解这些共性不仅可以帮成年子女意识到自己并不孤独,还为他们提供了可参考的具体概念。当他们挣脱父母编织的自恋之网时,这些概念能为他们提供指引。康复之旅中的必要一环就是去识别和了解这些共性。

自恋型父母把自己放在首位

通常情况下,自恋型父母会分散或吸走家庭中的所有注意力。这让孩子失去了任何获得正向强化的机会。在这种专制家庭里长大的孩子没办法发展出对自身内在价值的认知。他们一辈子都在与根深蒂固的"我不如"或"我不配"的信念做斗争。28岁的来访者杰克告诉我:

> 看到朋友们都从父母那里得到了爱和拥抱,我也想要获得同样的东西。因为想让父母为我感到骄傲,我努力成为一个真正意义上的好孩子。我从不调皮,在每一件事上都尽力而为。但无论我怎么努力,父母都对我视而不见。妈妈总是一副疲惫的模样,而爸爸总是毫无理由地陷入悲伤。缺爱和孤寂的感觉笼罩着我。

面子就是一切

对自恋型父母来说，面子比里子更重要。感受并不作数——重要的是外在效果。自恋型家庭的孩子总是穿着考究，看起来一副吃喝不愁的模样。而事实则恰恰相反：他们往往极度缺乏父母的支持，在情感方面也无法茁壮成长。这是自恋型家庭肤浅性的另一维度，是自恋型家庭定义的一部分。自恋型父母坚信一点，即"我们的外表比内在更重要"。真实的感受——那些混乱的、强烈的、不易消除的情绪，通常是被禁止的。当孩子带着恐惧、愤怒或困惑找到父母时，他们往往会遭到羞辱。这损害了孩子感受真我的自然权利，这一权利是所有人与生俱来的。31岁的来访者邦尼干了件可怕的事——她打电话给母亲，告诉对方自己的婚姻破裂了。刚说出"离婚"二字，她就听到了母亲的训斥："我们没法接受这件事！你的祖父母会怎么想？我们教会的人会怎么想？"邦尼需要母亲理解她，而不是去担心别人会怎么看她。

畸形的沟通方式

自恋型家庭的沟通往往支离破碎，被人故意变得模糊不清。家里会出现很多三角关系[1]，即某人不直接和某一个家庭成员沟通，而是把信息传递给另一个家庭成员，希望借此把信息传回给其想要沟通的对象。这无疑导致了我们所说的不可靠的叙述。自恋者不希望家庭成员们开诚布公地交流，因为这样对方就能深入了解问题，启动批判性思维，指出谎言、夸张或不实之处——换句话说，他们将揭穿自恋者的虚张声势。在自恋型家庭里，人们将沟通当作一种武

---

[1] 文中小字体格式参照外版原文。——编者注

器，而不是工具来使用。

36岁的斯蒂芬分享了三角关系是如何在他家里发挥作用的。这种关系让他自恋的父亲不必和妻儿公开交流。

> 我的成长经历令我困惑。家里似乎没有人直接和对方说话，总是在找人传话，我爸爸则精通传话之道。当妈妈惹怒他的时候，他不会和妈妈直接沟通，而是把我和妹妹当成传声筒。有时这种情况没那么严重，也不会困扰我们。但是我记得最糟糕的一次是这样的——爸爸把情绪发泄在了我们身上，而不是妈妈身上——他说等我们长大了，他就要移民，还要娶个新老婆！这话他说了不止一次，真的把我们吓坏了。他提到这件事的时候非常生气。我们不知道该不该把这件事告诉妈妈，也无法想象如果他真这么做了，我们的生活会变成什么样子！

显然，斯蒂芬的父亲没能公开与妻子讨论婚姻问题，而是把孩子当成传声筒；这种行为让斯蒂芬和他的妹妹一直处于相当严重的焦虑情绪中。

家庭内部联结遭到质疑

在受自恋型人格个体控制的家庭中，兄弟姐妹之间的亲密关系是被禁止或不被鼓励的。如果兄弟姐妹之间变得亲密并给予彼此情感支持，那么他们就有可能形成反自恋者同盟。这说明，自恋者在潜意识里要独揽所有人的拥戴和注意力。

46岁的夏洛特总是努力与姐姐保持亲密的关系。但只要她们的母亲在场,这位母亲就会极力获取她们二人或其中一人的关注,以此来打压姐妹之间的情感。

如果我和姐姐谈话时没能拉上妈妈一起,她就会插上一嘴:"你们两个在八卦什么呢?"或"你为什么说我坏话?"。她那胡搅蛮缠的态度总是奏效——她成功地打断了别人,把注意力带回到了她的身上。

33岁的奥斯汀告诉我,他的父亲自恋而专横。为了不让妹妹受到父亲的影响,他努力陪在妹妹的身边。这种兄妹之情让二人的父亲不大满意。即使孩子们已经成年,父亲的控制欲还是一如既往地强烈:

我妹妹在难过的时候会打电话给我寻求支持。有几次,爸爸发现了我们的通话,这让他很气愤!他气鼓鼓地警告我不要和妹妹说话,因为我会带坏她。他还坚持要我妹妹联系他而不是我,还要求我把她在电话里说的一切都转告他!

无法信任自己的孩子们

这是自恋型家庭带来的最具破坏性的后果之一。自恋型父母往往不会鼓励孩子的个人发展以及其保持对自身直觉和判断的信任——这种打击可能是尖锐而公开的(通过言语甚至身体上的虐待而达成),也可能是微妙而隐蔽的(通过不为人知的情感操控、欺瞒或否定而达成)。一个自我完整、情感成熟、人格稳定,还能走出自恋小剧场的个体——对自恋者来说,没有什么比这更具威胁性了。自恋型父母会让孩子持续处于自我怀疑的状态，这对他们来说至关重要，因为这样一来，他们就更容易操控对方了。这一行为是自恋者众多招式中的致命一击。

31岁的凯特琳从小就和自恋型母亲一起生活。她的母亲会否定女儿的每个独立抉择和每次行动。凯特琳和我分享了她在学会自我信任时所遇到的困难：

> 我的选择似乎并不重要。无论我做的事情多么没有争议，我的母亲总是以消极和怀疑的态度看待我。我又不是做了什么叛逆的事，比如剃光头、文身什么的。我组织啦啦队的行为引起了她这样的说辞："你为什么要和那些坏女孩出去玩？""你可能认为这样会让你受到欢迎，但其实不会的。"这让我感觉很糟糕，以致开始质疑自己所做的一切。

来访者罗素如今60岁。他在农村长大。当地在同一学科只给每个年级的学生配备一名教师，而罗素的父亲就是名高中数学教师。所以，当罗素开始学习代数时，他的父亲，那个对儿子充满怨恨的自恋狂，成了他的老师。罗素向我讲述了父亲是如何打击他的自信心的。那是一个悲伤的故事：

> 因为爸爸是授课老师，所以我讨厌代数课。我知道他会取笑我，所以尽量不在课堂上提问。但我有时候会遇到不明白的地方，所以不得不举手。每当我举起手问问题时，我爸的脸上就会现出轻蔑的微笑："有什么要问的，你个笨蛋？"多年后，我成为

一名研究生,在统计学课上拿了个"B"。我为此感到自豪,还想和爸爸分享这件事。我在电话里告诉他:"当时你说我在数学方面是个笨蛋,你可能说错了。"我还把自己的成绩告知了他。但即使这么多年过去了,他仍然给了我负面反馈。"事实上,罗素,"他说,"你在数学上就是一个笨蛋!我想我有资格对此做出判断!"

缺乏同理心的父母

无论其自恋程度如何,自恋者都具有缺乏同理心的特点。严重自恋的人缺乏同理心到了对人施虐的程度,当孩子遭受痛苦时,他们那无动于衷的态度往往令人震惊。即使是中等的或程度较轻的自恋者也会因草率而伤人。儿童是脆弱易碎的个体,需要同理心的支持才能发展力量和韧性。当我们情绪低落或感到疲惫时,我们对这种同理心的匮乏尤为敏感。最近24岁的来访者比利聊起他和父亲的一通令人心碎的电话:

> 刚结束了一天的辛苦工作,父亲打来电话问我过得怎么样。我没怎么过脑子,就告诉他,我今天感觉很累。他立刻打断了我:"听我说,比利。你根本不知道什么叫累!让我告诉你什么叫累……"于是,话题就围绕着他展开了。当挂断电话时,我不仅筋疲力尽,还觉得难过。为什么他就不能暂时忘掉自己,听听别人说了什么呢?

塔玛拉如今21岁。她在17岁时怀上了第一个孩子,当时的她真的很害怕分娩时刻的来临。塔玛拉很希望母亲能跟她谈谈分娩的感受,但她那自恋的母亲从未共情过她的状况。她母亲对这个年纪轻轻就未婚先孕的女儿感到沮丧,无法原谅这种罪过,也无法给予女儿同理心的支持。塔玛拉回忆说:

> 那时,我鼓起勇气询问了妈妈关于分娩的问题。我们从来不讨论任何私人话题,除非话题是围绕着她展开的。我只是问了一句"分娩会疼吗?",她就严厉地看了我一眼,回答道:"还行吧。你可以把它想象成有人在拿刀捅你的私处。但这种感觉不会持续太久。"

我一边听着塔玛拉的叙述,一边想和她抱头痛哭!

缺乏责任感的父母

虽然自恋者可能会(有意或无意地)伤害孩子,但他们擅长将自己的过失归咎于别人,甚至是自己的孩子。这是自恋型人格障碍的另一特质。这种特质导致了弥漫在自恋型家庭中的不真实氛围。50多岁的来访者瓦妮莎告诉我,她母亲毫无责任感。这一点在围绕家庭购物清单展开的争吵中显而易见:

> 我妈会列出家里需要买的东西的清单,而我爸会拿着清单去商店采购。而一个桥段总会不可避免地发生:我妈会指责我爸遗漏了清单上的东西,并和他大吵一架;可我爸总是声称他买全了清单上的东西。当我长到可以自己开车的年龄,接管了采购时,我重复了爸爸的经历!妈妈总是指责我忘记采购某样

东西，即使我还攥着她手写的清单。我开始痴迷于收集她缺乏责任感的"证据"。直到现在，我还留着一个装有旧采购清单的文件夹；它提醒着曾经的我有多么抓狂。

不断批判他人的父母

自恋者缺乏坚实的自我价值感，时常感到自我厌弃。他们会以贬低别人的方式来支撑起脆弱的自我。从同事到配偶，再到自己的孩子，他们经常无差别地八卦和诋毁所有人。

德尔菲娜今年27岁，是一名有着雄心壮志的音乐家。她聊起了母亲针对她讲话、写作和钢琴弹奏方式提出的持续性批评：

> 我非常想让妈妈为我感到骄傲，但从未成功过。我为校报写的一篇文章，用她的话来说，"从某种程度上讲毫无意义"。每当我和她聊到要紧事时，她总是会打断我："你就不能直接说重点吗，德尔菲娜？"而最糟糕的一次经历是这样的：经过好几个月的练习，我终于完成了一场独奏表演，而在坐车回家的路上，我妈妈当着全家人的面宣称："你真的应该换个领域发展了，德尔菲娜。你弹得远不如在你之前出场的那个男孩好。"

34岁的爱德华告诉我，他的父亲经常贬低他。他还分享了父亲对陌生人出言不逊的习惯：

> 虽然我爸不是世界上最苗条的人，但他对超重人士很是不满。每当看到身材不够完美的人时，他就无法克制自己的表达

欲。当我们还小的时候，有次在杂货店里他走到一个壮汉面前嘲讽对方："哥们儿！再来个甜甜圈怎么样？"而我和妹妹只能尴尬地躲开。

爱的敌人——嫉妒

自恋者自认为高所有人一等，而这种优越感是无法被满足的。它衍生出的嫉妒心蒙蔽了自恋者去爱别人的能力。他们批评孩子的弱点，妒忌孩子的优点，从本质上抹杀了孩子的自我意识。自恋者对孩子产生的嫉妒心凌驾于任何其他养育者的情感之上，这让孩子觉得活在这世上是一件令人内疚的事（通常还伴随着羞耻感），55岁的客户亚伦告诉了我这样一个故事：

> 几年前，我为老板举办了一场退休派对。当时我正忙着烧烤，而我老爸就在大门口，对所有前来拜访的客人说："你们不觉得这房子烂透了吗？"我所有的朋友都好奇我老爸到底怎么了。而我只知道他无法忍受我拥有漂亮的房子、知心的朋友，见不得众人在派对中尽兴的场面。

46岁的约瑟菲娜是个保养得当的美人。她对自己的美貌言之过谦，拥有非凡的时尚品位，在各方面都极富魅力。和很多女性一样，她找专人给自己做了美甲。人们总是询问她是在哪里买的东西，又是谁给她做的头发和指甲。尽管如此，约瑟菲娜还是对自己的长相感到难过和惭愧。她从小和自恋的母亲一起生活，母亲总是嫉妒她，用刻薄的话对她加以抨击。约瑟菲娜告诉我：

"约瑟菲娜总是那么惹人注目。因为她老是穿着高跟鞋到处晃悠，还用长长的红指甲在每张桌子上敲来敲去，试图引起别人的注意。"我妈妈会说些类似的话。她不仅取笑我的长相，还从来不会为我感到开心。

自恋者的受伤机制

当自恋者感到被拒绝或遭到轻视时，他们是无法处理和淡忘这种认知上的伤害的。相反，他们开始关注所有细枝末节。因此，和自恋者一起生活的人总是如履薄冰，尽量不去激起对方强烈的受伤感。一旦自恋者认定你会伤害他们，他们就将建立起报复和防御机制；这种机制往往是暴力性质的。

26岁的麦迪逊告诉我，她的母亲非常嫉妒她和她父亲的关系。她解释说，母亲不仅厌恶她儿时期待的父女独处时间，还因丈夫更愿意和女儿相处而感到嫉妒：

> 每当我想和老爸出去玩的时候，我妈就会很生气。有时，当我告诉她我和老爸周六要去公园玩，或者去看我期待已久的电影时，她就会像个小女孩一样噘起嘴来，或用责怪的眼神看我，问道："就你们两个吗？"她从未亲口说出"你爱你爸爸胜过爱我"这句话，但这就是她想要表达的潜在信息……我感到内疚，因为我更爱老爸，也更想和他共度时光。现在想起来，我感觉她也知道，和她比起来，我和老爸更亲。每当我和老爸度过了无比开心的一天，回到家里时，我妈似乎总是要毁掉这一切。心情欠佳的她开始找我的碴，或者无缘无故地

对我大吼大叫。她就是无法掩饰自己的嫉妒。以至于我开始思考，如果要用她暴躁的惩罚换取和老爸的快乐时光，这是否值得呢？

极度缺乏稳定和一致性的父母

稳定一致是健康家庭的标志，而情感上的混乱和波动则是自恋型家庭的特点。这是因为自恋者不断地将他们自己无法识别的感受投射到他人身上。孩子们尤其容易受到这种虚假感情的影响。孩子常常会误认为父母的情绪波动是自己的问题，并得出错误的结论："如果我的父母总是这么不开心，那一定是我有问题。"

我听过的最悲伤的故事之一来自20多岁的来访者露丝：

> 我在家里度过的大部分童年时光是可怕的。我爸的情绪大起大落，不可预测，因此我们都尽量不待在家里。但当我们还是孩子的时候，我们真的没办法逃离。我记得7岁的我想出了一个让内心平静下来的方法。这个方法能为我提供我急需的一致性情感。每次从家庭活动室走向厨房时，我都会在门槛处停下来，眨眨眼睛。只有这样，我才能获得一种掌控感。在开始接受治疗之前，我从不知道其他人并不需要做这种疯狂的事情。他们有能力放松自己，并认为自己能安稳地活在这世上。这恰恰是我憧憬的稳定性和一致感！

自恋者挟持家人以满足自己的需要

自恋者必须时刻掌控一切的特点导致他们剥削他人，包括自己的孩子。他们在育儿方面的态度是专制和苛求的，孩子们要费大量的精力来安抚他们。

洛娜如今55岁。在她成长的家庭环境中，她的母亲纵容着独裁而自恋的父亲。洛娜的父亲享受着家庭独裁者的角色，并表示他不会饶恕忤逆自己的人。从洛娜儿时起，父亲就要求她担当家里的管家和保姆角色。洛娜的母亲则顺从丈夫的规矩：

> 当我的父母都在外工作时，8岁的我就得负责家里的各种洗洗涮涮，承担起照顾弟弟妹妹的责任，有时甚至得为家人熨衣服。这一切对那个年纪的孩子来说都是不现实的。我必须跟上学校的进度，但也只能在深夜完成所有家务之后才能写作业。神奇的是，当时的我认为这些都是我该干的，都是为了取悦我父母而应该做的事情。现如今我的孩子已经8岁了，而现在的我才意识到父母当时完全是在利用我，根本不关心我正常的童年需求。当父亲立下规矩时，我必须遵从，否则后果将不堪设想。

自恋型父母的成年子女们

当来访者找到我时，他们往往不知道自己是在一个封闭的自恋式养育系统中长大的。他们可能会表达出一种飘忽不定的、无法被确认或下定义的不安感，也会问我一些暗示着核心身份感匮乏的问题，比如：我到底是谁？为什么我感到迷茫？为什么我不知道自己的喜好？我想成为什么？为什么我正遭受如此严重的自我怀疑？如果允许真实自我出现，我还会被爱吗？如果脱离我的原生家庭，我会成为一个坏人吗？

听到这些问题时，我立刻就能感知到来访者的成长环境如何，其童年经历是如何影响他们个体化、茁壮成长和建立强烈自我意识的能力的，以及家庭史是如何影响他们目前的亲密关系的。在我们共同的努力下，来访者开始整理自己的家庭史，也开始接受和失调家庭系统说再见的挑战——每当这时，我就对来访者的康复点燃了信心。

埃丽卡成年后的故事——癫狂思维的畸形秀

当埃丽卡第一次来找我时，她已经被一种飘忽不定的焦虑感困扰了很久。30多岁的她是一名簿记员，拥有两个可爱的小孩和珍视的家庭——而很快我就了解到她家里还有着一个行为令她迷惑到几乎无所适从的丈夫。几次疗程后，她向我倾吐了一个令人不安的故事：

> 有一天晚上，我正在做家务，我的丈夫汤姆还没下班回家。我们的晚饭正在烤箱里加热，洗衣机在运转着，孩子们蜷缩成一团看电视。这时候家里突然停电了。下午五点半的天空已经黑了，所以家里突然陷入一片漆黑。当我正忙着到处找手电筒和蜡烛时，汤姆进门了。他问我们为什么在一片漆黑里坐着，于是我告诉他，我刚打了电话给电力公司，对方说我们的账单逾期了。这时候他开始尖叫："他们在说谎！我按时缴纳了我们所有的账单。"我回答道："好吧，但这次你很显然忘记交钱了……"还没等我说完，他就怒气冲冲地夺门而出，喊道：

"拜托，埃丽卡！你是要相信那劳什子公司的黑客，还是要相信我？"

事实上，汤姆已经不是第一次瞒着埃丽卡无视账单缴纳了。如果汤姆向她提出请求的话，埃丽卡就会拿出多余的钱来补贴家用。但是汤姆的自尊心不允许自己说出"缺钱"二字，所以他撒了谎。他谴责埃丽卡"相信黑客"而不是进行自我检讨，这一行为是自恋者通过操控他人情绪和扭曲现实来挽回面子的例证。埃丽卡明白汤姆的行为有多疯狂，但仍会被其蒙蔽。她继续道：

> 我觉得自己好像住在一个满是镜子的房子里。有些时候一切都清晰可见，形态正常，但另一些时候，一切都会畸变失衡。每当我稍稍感到安稳些或恢复常态时，汤姆的话语和行为就会令我觉得现实难以掌控。

在埃丽卡告诉我这一点时，我能明显观察到她的羞愧感。我望着埃丽卡的双眼，告诉她，她没有发疯。我明白，在家里的时候，她是被她那幼稚自恋的丈夫"绑架"了。这一情况帮助我们明确了当时的治疗方向。我知道自己可以帮助埃丽卡重拾自我内核和自我信任，而且，通过努力治疗和自我洞察，她是可以放松下来，并以自己的方式继续享受生活的。

埃丽卡与我分享的断电场景，是自恋型家庭功能失调的典型案例。家里陷入了黑暗——面对这一摆在眼前的事实，自恋者汤姆无法做到坦诚和有所回应。埃丽卡陈述的简单事实，即他没有缴纳电费,让汤姆的自我遭受重创。和大多数自恋者一样,汤姆的自我是非常脆弱的。任何轻视和威胁其"一家之主"宝座的行为都会引发他的暴怒、缄默,以及我们在这一情景下看到的扭曲思维的疯狂外化。

埃丽卡是如何被汤姆的非理性行为蒙蔽的呢?她是个受过学校教育的职业女性,一边抚养两个5岁以下的孩子,一边靠自己的努力找到了理想的工作。汤姆的非理性爆发和不负责任的疯狂行为是可见的,但他操纵埃丽卡的手段多数情况下则更加隐蔽。他经常把妻子放在孩子和其他亲人的对立面,使他们的关系三角化。他的最终目标是让埃丽卡质疑自己对客观世界的认知。欠费停电的明显事实,以及汤姆那自恋小气的厚脸皮模样,让埃丽卡最终明白问题不在于她自己。

与自恋者生活在一起就像坐在平静湖面上的一艘船里,对方的自恋自我就像不断扰动船体的水下生物。虽然船上的人拿不准问题从何而来,但他们知道,如果没有这些微妙而令人不安的干扰,湖面往往是很平静的。

船上的乘客,即自恋型家庭系统里的成员,不知道为什么船会颠簸。他们需要客观地认识到造成颠簸的原因。埃丽卡的丈夫对现实的否认给埃丽卡造成了情感上的"颠簸",使她远离了坚实的情感土壤,也使她的潜意识一直处于"高度警惕"之中。汤姆否认并隐瞒事实的行为无法与客观事实保持一致,而埃丽卡自我怀疑和焦虑的原因就在于此。

我的任务是和埃丽卡一起探索她的童年,寻找那些让她在成家时被自恋者吸引的因素。

埃丽卡的童年故事——希望引起所有人关注的母亲

埃丽卡和弟弟本在一个小镇上长大。她的家坐落在一个年轻的街区,周围总是有邻居家的孩子在玩耍,人行道上充满了笑声、狗叫声和孩子们呼朋引伴的声音。屋前的草坪上散落着自行车和足球,三五成群的孩子们会停下来,向过往的车辆招手。

而屋内则上演着另一个故事。埃丽卡的母亲情感脆弱,易患身心疾病。这使得她缠绵病榻,成了家庭的关注中心。家里的百叶窗总是紧闭,两个孩子也都会熟练地在家中硬木地板的吱吱作响处踮起脚尖。埃丽卡的父亲老是不在家,经常跨州进行长途商务旅行;当他在家时,他就会像照顾临终病人一样关怀妻子。

埃丽卡对我说,所有的生命气息似乎都止步于她进门的那一刻。每次她回到家,打开门,融入那静默的家庭氛围,她的心便会随之一沉。她会从一个活力满满、颇受邻里喜爱的"阳光小孩",变成一个褪色乃至消失的影子。

埃丽卡知道父母完全沉浸在母亲那装出来的病态中,因此从小就学会了隐藏自己的情绪。为了给到母亲足够的关注,她忽视了自己的需求。埃丽卡解释说:

> 我知道,一旦我请求帮忙,就会遭到嫌弃和责罚。即使是给校外旅行申请单签名这样简单的事,都会得到他们气急败坏的回应。我对他们来说好像是种负担。他们不喜欢被我或者本打扰,所以我基本上成了本的看护人。我们两个仿佛寄人篱下

的难民似的。

当我问埃丽卡是否认为父母爱她时，她回答说："当然了！"但随着时间的推移，我帮助她认识到爱是一个动词，是通过无私的行为，以及善意、关注、接纳和非评判的态度所表达出来的。埃丽卡意识到，也许有一种比爱更强大的力量主宰了她早期的家庭生活。

自恋型父母蕴含的能量是摧毁性的，他们无法真正为埃丽卡和本提供关爱。两个孩子都没有真正获得成长所需的支持。埃丽卡的母亲用自恋营造了一个安静而充满自卑和漠视的环境。她的父亲本可以平衡妻子缺席造成的影响，但他太过沉浸于满足妻子的自恋需求，这导致他无法抽身照顾孩子。最终，埃丽卡和弟弟几乎只能自力更生。

所以埃丽卡会被汤姆这样的人吸引也就不足为奇了。她那淡漠的自恋型家庭忽视了她的需求，让她学会了降低存在感，不惹麻烦。汤姆让埃丽卡觉得，如果自己能遵守对方的规矩，忽视自身的利益，那么一切就能进展如常。但是，当她要站起来为自己说话时，一切就乱套了。这对她来说是个熟悉的套路。有趣的是，在真正开始疗愈自己之前，我们会一直被这种熟悉的套路吸引。

约翰的故事——父辈的延伸

约翰家的自恋风格是肆无忌惮、无孔不入的。作为家里的独生子，约翰完完全全活在老约翰的管控下。从儿子出生的那一刻起，老约翰就把他看作自己的延伸。约翰变成了父亲的替身，要替父亲弥补所有遗憾和平息所有父亲在社会中遭到的轻视。从很小的时候起，他就面临着要成为"最好的约翰"的压力。如今 25 岁的约翰告诉我：

> 作为一名成绩全优的学生和明星运动员，我的课余时间被做校报编辑之类的高人气活动占得满满当当，到了高三，我的身心已经完全被掏空，但我却不知道这是为什么。我只是觉得自己是一个冒牌货，一个骗子。

约翰从小就渴望得到父亲的关爱和欣赏，只有当约翰证明自己的价值，如取得出色的成绩，登上当地报纸的体育版面，或者用其他方式获得了来自社会的认同时，老约翰才会慷慨地给予这些。只有在这些时候，他才会想起对儿子表示肯定。

约翰的父亲说过"只准成功，不许失败"。因此约翰从小就觉得自己不能犯错，不能改变主意，也不能走歪路。这给他带来了巨大的压力，当来到父亲替他选择的常春藤大学（也是老约翰自己没能考进的那所大学）后，他被抑郁压垮，无法正常生活。一个学期过后，约翰不得不中止学业。刚开始接受治疗时，约翰不知道自己是谁，为什么要上大学，该如何适应社会。约翰一直与他那令人窒息的父亲纠缠在一起，父亲没能给他足够的空间和支持，使得他无法建立牢不可破、独一无二的自我身份认知。约翰的自恋型父亲不是在培养他，而是在吞噬他。

埃丽卡和约翰的情况似乎是截然相反的：埃丽卡的家人对她视

而不见，这是种隐蔽的行为；约翰的父亲则带给人们一种要吞噬一切般的窒息感，这是种公开的行为。二人的养育者代表了两种自恋型养育风格。这两种风格都导向了在养育者缺位和无条件爱意匮乏的家庭中成长的后代，无法真正形成自我意识这一结论。

两种自恋式养育风格：隐性自恋和显性自恋

显性自恋更容易被人们识别，其特征包括自视甚高、夸夸其谈、态度傲慢，认为自己享有特权，对成功抱有极大幻想。而这些也可能是大多数人听到"自恋者"一词时联想到的。

60岁的查利对其母亲的描述显然符合显性自恋的定义：

> 我的妈妈只在乎她自己，希望整个世界都围着她转。只要身边有听众，她就会不停地谈论她本人和她的成就。如果你试图插话以表达你的看法或者讲述你的经验，她就会把你当作空气，并立即将话题转移到她自己身上。这让她身边的人感到筋疲力尽。

查利的母亲从他小时候便是如此——她夺走了所有关注，从不在意她儿子关心什么或取得了什么成就。查利告诉我，他一直希望有一个可以接纳自己的心事，安抚自己的心灵，并为自己感到骄傲的母亲，然而他从小就放弃了这种幻想：

> 我记得我因学校里的事情烦恼。当我回到家里之后，我试

图和母亲谈论自己的感受。这时候她就会打断并无视我，开始谈论她自己。因为我告诉她的事让她想起了自己的经历。每当我做得不错时，她也不会给我甜头，只会马上聊起她在年轻时曾取得了多大的成就。

隐性自恋者的症状相对隐蔽，因为他们的举止更加保守。他们的一举一动会散发出一种自以为是的、微妙的优越感。这类人会暗中掌控一切或被动攻击他人，而这并不妨碍他们让事情按自己的意愿发展。42岁的夏琳这样描述她的父亲：

> 作为一家之主，爸爸的姿态是沉默而充满权威的。他为人严苛，懂得如何羞辱他人。当他用那种眼神望向你的时候，你就知道你有麻烦了。他以一种沉默的方式——噘起嘴巴，陷入沉思——展现自己的控制欲，虽然表面安静，但能让你察觉到他心情不佳。只有和他一起生活的人才能体会到这一点。从小到大，每当我对任何东西表现出兴趣时，他都会用平静的口吻对此进行贬低。可能是因为他不喜欢音乐，他觉得我心心念念的钢琴课是浪费时间。一旦我提起钢琴，他就会盯着空气，或用那种怀疑的眼神盯着我，就好像我这个提议很愚蠢一样。如今的我拥有了不错的工作，也能从中获得成就感。可是他仍然试图颠覆我的独立判断，否定我的职业选择。他希望我像他一样成为工程师，而我成了一名幼儿园老师。这对他来说可不是一份足够优秀的工作。所以每当我谈论工作时，他就找借口离开房间。

隐性和显性的自恋者都会嫉妒他人。他们有着脆弱的自我，缺乏同理心和共情能力。在人际关系方面，他们具有剥削性；他们认为自己是独一无二的存在。

这两类自恋型父母对孩子的影响是相同的：孩子从小到大都无法形成强烈的自我意识，也无法真正见识和体会到健全的爱意和亲密关系。难怪，到了自己组建家庭的时候，这些孩子所构建的家庭系统往往也是非正常的。了解一个人的家庭起源，发掘自恋父母之爱投射出的代际阴影，才能让埃丽卡、约翰、查利、夏琳等众多受害者不再重蹈覆辙。

接下来……

在本章中，我们探讨了一些自恋型家庭中的功能失调。这些内容能帮助你掌握这种家庭的心理构成元素，即畸形的沟通方式、对形象的过分关注、缺乏自我信任的孩子、缺乏同情心和责任感的自恋型父母，以及父母坚持把自己放在第一位的需求。

在第二章中，我们将更深入地探讨自恋型家庭畸形的沟通方式。

我明白这些可能对你来说信息量太大，但尽可能了解父母自恋的复杂性将帮助你远离不健康的家庭传统，走上一条健康的疗愈之路。

第二章

畸形的沟通方式

　　我从未学会如何为自己辩护,以及直接与人沟通的方式。在我的原生家庭中,每当我和父母的意见不一致时,他们就会羞辱我。如今,当我试图聊聊我童年所厌恶的事时,他们都觉得我疯了,告诉我记忆中的事情从来没发生过。他们说一切都是因为我太敏感了,而那些往事都是我自己想象出来的。

——卡洛斯,43 岁

　　沟通是个包罗万象的话题,我们也能看到许许多多的相关书籍。它是连接我们和别人的桥梁,对所有亲密关系来说都至关重要。健康的沟通模式应该是开放的、宽松的、对等和相互尊重的。在健康的沟通模式中,人们会善于倾听和反思,并接纳对方的感受。在一段健康的关系中,你能无所顾忌地表达真实的自我。最理想的沟通模式会促使你拿出最好的状态,展现出你闪闪发光、受人称赞的一面。

我们与他人沟通的方式有很多,其中包括语言的、非语言的,书面的、视觉的,以及行为上的。家庭成员之间需要一起生活、工作和娱乐,所以他们必须学会如何有效沟通。在健康的家庭中,人们的交流亲切、直接而诚恳,并能展现出对彼此的理解和支持。

直接坦诚的沟通模式不存在于自恋型家庭中。比起真诚和理解,自恋者更倾向于打破系统的平衡,制造混乱和伤害。在本章中,我们将讨论自恋型家庭中出现的非正常沟通模式。请坚持住,因为接下来的讨论并不会轻松有趣。

煤气灯效应

"煤气灯效应"一词起源于一部舞台剧,该舞台剧在1944年被改编为一部叫作《煤气灯下》的电影。电影讲述一个女人嫁给了一个控制欲很强的男人,而男人暗地想让女人相信她疯了的故事。男人先将煤气灯调暗,当女人发现灯光变暗的时候,他就会说煤气灯很正常,灯光变暗是她的想象。煤气灯效应是一种卑鄙的心理(情感)虐待方式,其影响可能是毁灭性的。施虐者利用这种方式让人怀疑自己眼中的事实以及自己是否清醒。

自恋者普遍用煤气灯效应来确保他们的主导地位。如果对方让你感到不确定、焦虑和无能的话,他们就能更轻易地控制你。这对任何人来说都很可怕,尤其是不利于成长于自恋型家庭的你。很显然,合格的父母会希望孩子相信自己的感受,对自己有所肯定,感到自己强大且无所不能。

当在自恋型家庭长大的来访者尝试批评父母过去的行为时，我发现了一种最为常见的煤气灯效应。自恋者脆弱的自我使他们无法应付对峙或问责。我通常不鼓励来访者去与父母对峙，其原因是自恋者往往会推卸责任，从而带给成年子女持续的痛苦、失望和焦虑。

我的来访者乔迪今年49岁。她向我报告了自己和母亲对峙的结果：

> 通过治疗，我努力走上了康复之路，这让我非常兴奋。我觉得自己的内心变得十分强大，也做好了向母亲表达想法的准备。我要让她知道从小她对我施加了多少身体上和情感上的虐待。而且现在的我已经明白了她的所作所为。我不知道自己是抱着什么样的期待去跟她对峙的，反正过程并不顺利。她坐在那儿态度轻蔑地听了几秒钟，然后就打断我，让我离开她的屋子，否则她就叫警察。她说我讲的都不是真的。我离开屋子前她的最后一句话是："我是你能拥有的最好的母亲！"我在震惊的同时，也感觉自己重新陷入了创伤后应激障碍（PTSD）的崩溃感之中。

我的许多来访者都想进行这种程度的对峙，却很少成功。这就是为什么我建议不要这样做。正如我们将在第三部分"治愈与解脱"中谈到的，康复是一项对内的工作，不涉及对抗或改变你的父母。

这里还有一种煤气灯效应——父母说他们不记得你的事情，或声称你太敏感。43 岁的马克回忆起他与父亲的对话：

> 每当我试图与父亲谈论我对童年的感受时，他总是告诉我，我是家里的一号敏感人物，是永远不可能幸福的人。他通常会以"我希望有天你会找到幸福"来结束对话。以前是，现在也是……虽然我现在的生活幸福美满，但我父亲永远不会承认这一点。尽管经历了差劲的童年，我还是出淤泥而不染。这对我父亲来说太有威胁性了。

30 岁的纳迪娅回忆说，有那么几次，她的父亲让她和母亲觉得自己才是那个精神错乱的人：

> 当时我大概 15 岁吧。那天晚上爸爸又夜不归宿，所以我和妈妈出门去找他。我们看到他和一个女人进了附近的酒吧，但他没有看到我们。于是，我们回到家里，等着他给我们一个解释。走进家门时，他谎称他当晚在加班。妈妈当时不想把事情闹大，但我们都确信亲眼所见的情形。还有一次是这样的：我和朋友来到当地一家影院，发现他和另一个女人坐在放映厅后排。我知道他看到了我，但我们都没有说什么。这让我在朋友面前很丢人。第二天吃早餐时，我告诉他，我在电影院看到他了。他大笑着指控我疯了。这就是他的处世之道。

像电影《煤气灯下》所描述的一样，当自恋型父母用谎言来否定孩子描述的事实时，我的许多来访者被逼得怀疑自己是不是疯了。

我向他们保证，他们绝对没有疯。他们所经历的是一种被称为"煤气灯效应"的疯狂行为——为了掌控一切，自恋型父母在生活中应用了这种技巧。

三角关系和间接沟通

健康的沟通模式包含直来直往的沟通——人们会直接与他人交谈，向其传递私人信息。另一方面，三角关系是间接沟通的一种形式。在自恋型家庭中，我们经常见到成员 A 与成员 B 谈论成员 C——A 不会和 C 直接沟通。信息最终会传到 C 的耳朵里，但它往往已经变了味——这像我们小时候玩的传话游戏。

健康的沟通方式是两点一线的，而不健康的沟通方式是三角形的，这是两者之间的一个明显区别。为什么一个家庭成员会运用三角关系来传达信息呢？这是因为该成员已经学会用不诚实和间接的方式来保护自己的感情不受伤害，又或许是因为他们的真情流露曾引发争吵，所以他们觉得通过别人传达信息会更安全。这种被动攻击行为是间接伤害他人的一种方式。在这种模式下，如果某人对其他家庭成员感到愤怒，那么他就可以在不直接得罪对方的情况下发泄怒气。当然了，这种模式无法解决任何问题。问题悬而未决，空气中弥漫着一种令人不安的紧张感。

坎达丝的三角化行为就是一个例子。60 岁的坎达丝对 32 岁的女儿拉娜非常生气，但她选择间接表达自己的愤怒。事情是这样的：坎达丝为整个大家庭准备了节日大餐，但拉娜觉得不太舒服，所以在最后一刻打电话说不来了。拉娜的三个孩子也因此不能应邀前往。

坎达丝花了整整一天的时间消化此事,还告诉家里的其他人拉娜是多么粗鲁无礼。显然,坎达丝希望自己的言论传到女儿耳朵里,让女儿感到内疚。果然,拉娜的弟弟第二天就打电话告诉拉娜,母亲在节日聚会上说她的闲话说了一整天。听到母亲在全家人面前这样谈论她,拉娜很受伤。她内疚了好几天,但并没有就这件事和母亲进行过直接的沟通。下次聚会时,这对母女之间就好像什么都没发生过一样。拉娜和弟弟知道母亲会否认自己说过的话,所以讨论这件事只会引起更多麻烦。

44岁的奥利维娅是一位自恋的母亲,对儿子的酒瘾和生活方式感到坐立不安。她尤其担忧儿子的行为会抹黑她的母亲身份,给全家带来污点。她没有直接与儿子沟通并鼓励他去寻求帮助,而是通过和另一个儿子格里芬说坏话来发泄不满。22岁的格里芬是这样理解母亲的传话行为的:

> 妈妈好像只关心其他人是怎么看待哥哥的问题的。尽管我知道哥哥有毛病,但我讨厌听到妈妈贬低他。她的行为并不令我吃惊,因为她总是在别人的背后议论。她来找我抱怨自己有多不爽,而不是和哥哥聊聊,看看他到底怎么了。事实就是如此。这让我觉得有点可悲。

很显然,营造三角关系非但解决不了问题,还让每个人都陷入了八点档狗血电视剧的剧情之中。家里的每个人都在背后议论纷纷,而不是试图直接解决问题,这加剧了家庭信任感和安全感的流失。

投射行为

　　投射指的是某人把自己的情绪转移到另一个人身上的过程。自恋者无法接受和处理自己的感觉，所以把它们都投射到了别人身上。因此，如果自恋型父母是感到愤怒的一方，他们通常会对孩子说："索菲娅，你今天为什么给我一种在生气的感觉？"听到这句评价的索菲娅会觉得莫名其妙，因为它本身就和她没有关系。你能想象这对一个孩子来说是多么迷惑的场景吗？孩子们当然会选择将这种情况内化。即使不明白刚刚发生了什么，他们也会觉得这是自己的错。这样一来，自恋型父母就把自我厌恶和不快乐的生活方式转嫁到了孩子身上。

　　还有一种明显的投射行为，自恋型父母会指责孩子的行为，而这些行为与父母自身的缺点挂钩。比如说，如果父亲觉得自己在某些方面有缺陷，他可能会反复强调儿子的懵懂无知。又比如说，如果母亲在事业上没有付出足够的努力所以没有取得成功，她可能会指责十几岁的女儿犯懒。

　　50岁的卡尔文向我讲述了母亲不为人知的故事。故事中的投射行为是显而易见的：

　　　　信不信由你，我的妈妈是个小偷。我确信她是个没被诊治的盗窃癖患者。当我们还小时，她就经常从沃尔玛和杂货铺偷东西。不过我们从来没戳穿过她。这已经够糟的了，但更糟糕的是妈妈把小偷的帽子扣到了我们头上，让我们承认自己没做过的事。我无法用语言形容内心的困惑。我们都目睹了她的行为,却没有胆量反抗她。

你无法想象那么小的孩子是如何在这种阴险的虐待行为下生存的。

这里还有另一个关于投射的例子:凯拉的母亲如今50岁,她认为自己知道25岁女儿的一切感受,还不断用不实之词洗脑她自己和周围的人:"凯拉讨厌这个……凯拉绝不会想做那个……"大多数时候,这些说法是凯拉母亲自身感受的投射,对凯拉来说根本就不是事实。例如,当凯拉成为社会工作者时,她母亲的第一句话是"你甚至不喜欢和人待在一起!"。事实上,凯拉性格外向,善于交际。所以母亲的这句话与事实南辕北辙。当凯拉发现母亲对她的误解大都是自身态度的投射时,她脑子里散落的线索碎片拼成了完整的图案。很快她就明白家里到底发生了什么。这一领悟使凯拉如释重负,并开始向内寻找自我肯定。

羞辱行为

对自恋型父母来说,还有什么方式能比羞辱更好地阻止孩子开口说话呢?这些惯用伎俩确保了父母的控制地位,让家庭成员如履薄冰。自恋者脆弱的自我和自我厌恶感促使他们将这些耻辱感投射到他人身上。羞辱是情感虐待的一种形式,它可以表现为那些刻薄的、带有贬损性质的眼神和手势,也可以表现为断然否定对方后径直走开的行为。

我见过自恋型父母用一种非常伤人的手段来羞辱子女，那就是在社交媒体上公开惩罚他们的孩子。2018 年，英国《太阳报》就这个问题采访了我。编辑们在网上发现了几段视频，视频里父母通过在网上羞辱孩子来惩罚他们。在编辑们提供的视频中，父母们开车碾过 Xbox（一款游戏机），放火烧掉圣诞礼物，把孩子剃成光头或给孩子剪个怪异的发型，然后对孩子说出"如果不能在学校好好表现，你就得一直保持这副模样"之类的话。这些视频的点击率之高令人震惊。我与《太阳报》分享了自己的观点：

这是一种情感虐待。这些行为会导致孩子们在长大成人后被难以磨灭的自我怀疑、恐惧和焦虑所折磨。孩子们尊重那些尊重他们及其情感的人。如果你想让孩子成为一个善良、富有爱心的人，并让孩子能够在人际关系和养育子女的过程中拥有同理心，你就必须先共情他们的想法。

自恋者的孩子有时会因为做好事而羞愧——这一点在旁人看来也许不可思议。52 岁的珍妮弗告诉我，因为自恋的母亲总是羞辱她，所以她很难为自己的成就感到骄傲：

在整个中学时代，我常获得科学奖。可是，当我把喜讯告诉妈妈时，她唯一的反应就是对我说："不要自大，也不要跟别人聊起这些，否则他们会认为你在吹牛。"妈妈不但没有为我感到骄傲，反而因为我提起获奖一事而发火。我从此学会了把成功的消息吞到肚子里。

为什么珍妮弗的母亲会羞辱获了科学奖的女儿呢？因为这位自恋的母亲无法容忍女儿在自己无法企及的领域获得成功。

40岁的杰克称，从小到大，父亲最喜欢对他说的一句话是："你以为你是谁？"这句话通常在杰克释放天性，玩得开心时突然出现。不管出于什么原因，一旦父亲不认同杰克的行为，他就会用这句话狠狠打击杰克。杰克对我说，小时候的他并不明白爸爸的这个问句是什么意思，但随着自己长大，他发现这句话一直困扰着他：

> 以前的我喜欢逗乐，还试图做些傻乎乎的事情，和朋友们笑成一团。有时候我觉得装傻充愣逗人笑的感觉挺不错的。但我爸爸是个不苟言笑、为人消极的老古董，无法忍受我开开心心或者找乐子的模样。当他说出"你以为你是谁？"时，我总是很难过。我并没有自鸣得意，我只是在搞笑，或试着找点好玩的事情做。但他让我为自己的快乐而感到羞愧。现在，我依然发现自己在和人交往时不敢做自己。

40岁的萨拉常从自恋型的母亲的嘴里听到一句不合时宜的话"你没事吧？"。如果父母带着同情的语气问出这句话，想知道孩子是否有烦恼或不适，要为孩子提供一个分享感受的机会的话，那这是件好事。但是，自恋者通常在气急败坏时用这句话羞辱孩子，暗示孩子有缺陷。当被百分百依赖的父母指出自己有问题时，这些孩子就会内化且相信父母所说的话。他们会问自己"我怎么了？"，并努力寻找答案。孩子们可能会依靠自己有限的经验和知识脑补出一些自身可能有的缺陷，并将"我不够好"或"我是个坏人"的负面信息刻进大脑。如此一来，羞耻感就会深入孩子的心灵，且难以被冲刷干净。

萨拉对我说：

> 我从母亲那里得到的信息是，我所做的一切都是错的和不好的。她从不夸奖我，也不会在对我意义重大的事上鼓励我。我得不断加油，变得超级棒才行。所以我永远无法放松对自己的要求。我的神经高度紧绷，等待着下一句让我觉得自己无能的话。我总是害怕自己会犯错。

现年 45 岁的曼迪在自恋型母亲的身边长大。这位母亲要求别人夸赞她所做的一切，包括饭菜。曼迪的父亲会夸大其词："哇，又是一顿五星级大餐，亲爱的！"而家里的其他人也会附和着他说些溢美之词。由于曼迪的母亲从未教过她如何下厨，所以曼迪一直负责擦桌子和洗碗。成年后的曼迪终于学会了如何烹饪。可是每当父母来看她时，她都感觉对方认定自己是个糟糕的厨师。为了取悦父母，她倾尽所能准备了拿手菜，可是这番努力遭到了母亲的无情嘲笑："我猜你没有遗传到我的厨艺基因！"曾被母亲排挤和贬低过的曼迪相信了这样的负面评论，内化了来自母亲的羞辱。

在我们的共同努力下，曼迪开始摆脱这种消极的想法。在一次治疗中，她给我看了张照片，照片里是一张她贴在厨房墙上的条幅。条幅上面写着："大多数在这个厨房里吃过饭的人都过上了正常、健康的生活。"我夸赞了曼迪的洞察力和幽默感。

可悲的是，羞辱的力量是巨大的。如果父母曾在你小时候这样对你，你就会明白它是如何让你情绪低落、怀疑自我的。当这种情况发生在刚开始发展人际关系的孩子身上时，它就会造成创伤。29岁的威廉诉说了他上中学时被父亲羞辱的经历，这使我痛彻心扉：

我很小的时候，我爸就是个刻薄鬼。虽然我绝不是一个完美的孩子，但我受到的责罚是不合理的。那时我拽了女同学的辫子，在学校惹了麻烦。被我拽辫子的那个女孩挺可爱的，我想当时我只是因为喜欢她才想逗逗她。可谁知道学校给我爸妈打电话，要求家长开会讨论我的行为。我爸很生气地拒绝了会面，说他会自己处理这件事。第二天，他在社交媒体上发布了一段视频，视频中我被迫在胸前挂着写着"恶霸"二字的牌子，跟在爸爸的车后步行上学。从那次事件后，我大都独来独往，生怕再受到进一步的羞辱。

歪曲和篡改家庭史

在健康的人际关系中，面对某一特定情况，人们的观点可能会产生分歧。每个人会分享不同的观点，也懂得不必强迫他人和自己一致。不过，大家会一致认同与事件相关的客观事实。例如，如果孩子从自行车上摔下来了，那么，养育者和孩子可能对事情发生的原因看法不同，但都认同孩子从自行车上摔下来了的事实。然而在自恋型家庭中，事实会被歪曲。为了让自己感觉更好些，自恋者往往会改写事实。

　　50岁的弗朗基还记得小时候父亲教他骑马的情景。那是一匹活力满满的设得兰矮种马，喜欢尥蹶子。7岁的弗朗基很想像哥哥姐姐一样骑在马背上。不幸的是，在一次骑马时，弗朗基被马掀翻，还在着地时摔伤了腿。他那自恋的父亲不仅羞辱他，说他是个大笨蛋，还命令他回到马背上，"得让马看看谁才是老大"。当父亲把这次事故告诉弗朗基的哥哥姐姐时，他们取笑了弟弟，加深了弗朗基的羞耻感。

　　这件事情对弗朗基的身心伤害很大，多年后他在接受治疗时仍要面对这一创伤性事件。在接受治疗之前，成年后的弗朗基曾找到父亲，试图与他一起探讨这件往事。这往往不是一个应对自恋型父母的好方法。当时，他的父亲听了一会儿，笑了笑，然后从本质上篡改了历史——他说那件事从未发生过。他还说："即使那件事真的发生了，它也教给了你人生的重要一课：做人要坚强。"那次事故其实并没带给弗朗基什么启示，所以父亲明显歪曲了事实。他的父亲用篡改家庭史的方式逃脱了未能照顾好年幼儿子的罪责。过往的事故和成年后的谈话给弗朗基留下了持续的困惑、羞愧、自我怀疑和失落感。

　　65岁的来访者辛迪向我陈述了另一起包含歪曲和篡改家庭历史的故事。这件事直到几十年后才得以见光。当时，辛迪怀上了高中男友的孩子，没有足够的时间筹办婚礼。辛迪那自恋的母亲明面上很支持这对新人的婚礼计划，但实际上她很失望。因为这样一来，她就没有时间亲手给女儿缝制婚纱了——这是她梦寐以求的环节，而梦碎的感觉让她很失望。由此引发的短暂失落可以理解，但辛迪的母亲一直对此难以释怀。在她看来，婚纱环节是她自己的秀场，与辛迪无关。

多年后，辛迪终于发现了母亲那自恋的忧伤情结。回家探望母亲时，辛迪想要取回当时自己买的婚纱。举行婚礼后，辛迪将婚纱存放在母亲的阁楼里，希望以后能改改它，给自己的女儿结婚用。当她在阁楼上找不到婚纱，向母亲询问其去向时，母亲表现得很惊讶，说她也不知道婚纱去哪儿了。几天后，辛迪和妹妹谈起了那件丢失的婚纱。妹妹表示自己多年前曾穿着它参加高中音乐剧。母亲没有和辛迪商量，就把婚纱当作演出服给了妹妹。演出结束后，喝醉的妹妹被裙裾绊倒，把纱面弄得又破又脏。于是母亲索性扔掉了那条坏掉的婚纱。

当辛迪借由妹妹的话和母亲对峙时，母亲当场篡改事实："是你喝醉了，毁了你那该死的裙子，是你把它扔了！我不信你不记得了！"辛迪的母亲还在为没能自制婚纱而恼怒。尽管她意识到两个女儿已经知道了真相，但还是篡改了家庭史。由于无法正视自己的自恋行为，她不得不修改了往事的情节。

38岁的特里是一位单亲妈妈。在抚养孩子和创业的同时，她还必须努力完成大学和研究生学业。特里告诉我说，她的父母篡改了家庭史中的重要部分。特里来自一个贫困的家庭，父母无力承担她的教育费用，也对她的学业不感兴趣。虽然特里取得了极大成就，但在未来许多年里，她都需要偿还学生贷款。接到父亲一通歪曲事实的电话后，特里受到了极大的伤害和震撼：

有天我接到了爸爸打来的电话。在一次很随意的聊天中，他提到自己供我上了大学，还支付了我攻读四个学位所需的费用，这令他很是自豪。当时，我差点从椅子上摔下来。他和妈妈没有为我的学业支付过任何费用，甚至从不关心我的学习，也没参加过我的毕业典礼。他为什么要这样篡改历史？

自恋者无法对自己的行为负责，也无法接受或管理自己的感受。他们经常感到不快乐和自我厌恶，还拥有脆弱的自我。于是，他们通过歪曲和篡改事实来获得自洽。有时他们会给自己洗脑，说服自己另一个版本的家族史才是正确的。他们还会试着让其他家庭成员支持他们对家庭状况或事件的不实说法。当然，面对这种欺诈行为，我们这些坚持真理的人会感到困惑。

自恋者的暴怒

我们每个人都有愤怒的时候，有些人甚至会在盛怒之下口不择言。归根结底，我们只是有瑕疵的人类而已。大多数情绪健康的人能对这类行为负责，他们会感到懊悔，会道歉并努力弥补自己的过错。回想一下，你可能也发过脾气，然后为此感到难过，并尽一切努力使情况好转。你知道这样的行为对他人造成了怎样的影响，能够设身处地地为他人着想。

自恋者无法与他人产生共鸣，也无法在情感上与他人同调。事实上，他们经常利用愤怒来控制他人。面对自己的不良行径，他们不是对此负责且感到抱歉，而是变得更加愤怒，并加大攻击的力度，直到对方放弃或让步。

遭人怒斥的感受是很可怕的，当你还是个孩子时，这种可怕的感觉会尤其强烈。当别人冲自己发火时，就连成年人也会感到极度不适和不安。作为一名治疗师，我在家庭治疗和夫妻关系疗愈中曾见过这类发怒的自恋者，也听过许多有关父母冲着孩子发怒的事迹。还有自恋者在治疗过程中冲我发过火。如果我表达的观点与自恋来访者的不一致，他们就会把我归类为"不合格的治疗师"！

我记得有次我曾试着让一位父亲学会共情和接纳两个年幼孩子的感受。这令他十分受挫。因为这位父亲信奉一种专制的教育方法，认为自己就应该铁石心肠，而孩子们的感受并不重要。对他来说最重要的就是孩子们要把嘴闭紧并按照他的要求去做。我试图礼貌地教他换位思考，并以身作则地告诉他如何回应孩子们的想法，让孩子们知道他关心他们的感受。我建议他对孩子们说："我知道你们喜欢骑自行车，所以我允许你们在做完作业后骑一骑。这听起来怎么样？"就在那时，他突然站起身来，抓住我的胳膊大喊道："你知道你这样是害了我的孩子吗？"虽然我被吓呆了，但我还是冷静地要求他把手拿开并离开我的办公室，否则我就报警了。不用说，我从此再也没见过那个家庭。我仍想知道那些可爱的孩子怎么样了。他们很可能举止得体，但情绪低落，就像我当初见到他们时一样。在这样的家庭中，孩子们被自恋型父母的愤怒压制，失去了发言权，学会了默不作声。他们的父母从未真正了解过他们。这类孩子经常在治疗中说，他们从小到大都感觉自己是个隐形人。

我经常在咨询室里听闻自恋型父母的暴怒事迹。这种行为通常会对小孩以及成年子女造成创伤性影响。

26岁的姬莎向我讲述了她自恋的父亲持续愤怒失控的故事。当她和父亲在杂货店买东西时，正如姬莎所描述的，"爸爸他完全失控了"：

> 我和爸爸当时正排着长队等结账，但爸爸讨厌排队。我感觉自己变得超级紧张，因为我知道他马上就要爆发了。尽管已经习惯了他的胡言乱语，但我还是没法控制自己的害怕之情。突然，他把我从队伍中拽了出来，强行把我推到经理室，愤怒地大声要求经理立即为我们结账。当经理告诉他，他需要像其他人一样回到队伍中时，爸爸把一盒鸡蛋扔在地上，冲着经理大吼。他又推了我一把，然后冲出商店，一路上对其他人大吼大叫。我感到非常尴尬，害怕他把气撒在我身上。这一切就是为了一盒破鸡蛋。

32岁的蒂龙在自恋父亲的身边长大。在外人眼中，他的父亲至少比姬莎的父亲更有魅力。但家里的父亲是个要求家庭成员每分每秒都尊敬和服从他的暴君。蒂龙说，只要他们的行为和父亲的要求有一丁点出入，父亲就会发火：

> 他是我们家的独裁者，一切都必须按照他的规则运转。他不能容忍我们在任何事情上和他作对。如果我有不同的意见，他就会提高嗓门，举起手示意我不要说了。当他无法控制自己的愤怒时，他就会用粗鲁可怕的称呼来责骂我、我姐姐和我们的妈妈。我们为自己辩护的行为就足以让他发火。我妈妈最终变得非常抑郁，不得不接受药物治疗。爸爸把她的病情当成对

付她的武器,冲她大发脾气:"你为什么这么软弱?为什么不能处理好自己的情绪?"这番话竟出自一个从来不会处理自己情绪的人之口!

虽然自恋型父母有时会以相对温和的方式泄愤,但这仍会影响子女,在父母发火的时候,子女的需求和愿望被忽视了。43岁的谢里尔分享了这样一个故事:随着母亲节的到来,她的自恋母亲因为没有得到明星般的待遇而发火。

去年的母亲节,我和兄弟们决定跳过大家族的庆祝仪式,和我们各自的家人待在一起。可是我妈妈已经习惯了大操大办,万众瞩目的感觉:为她举办的周日早茶时光,写有她名字的蛋糕以及所有孩子和孙辈们送的礼物。和之前不同,这一次,我们通知她计划有变,并给她送去了一束美丽的鲜花、一张卡片以及一盒巧克力。她给我们每个人都打了电话,让我们知道她是多么难过。她对我说:"我真不敢相信你会这样对我,谢里尔!"自此之后,她冷落了我和兄弟们三个月,拒绝给我们任何人打电话——直到她的院子需要人帮忙打理。

谢里尔的母亲已经当惯了家里的"女王"。这么多年来,她的孩子们学会了围着她转,并不断地奉献她所需要的钦敬之情。当孩子们长大并建立了自己的家庭后,他们发现这样的行为是不健康的,于是打算中止。毫无疑问,他们的自恋母亲不会赞成这种改变,因为这样她就不再是主角了。她没有站在成年子女的角度考虑问题,而是试图通过泄愤来操纵他们。

接下来……

在本章中，我们探讨了自恋型家庭中各种畸形的沟通方式。每个功能失调模式都围绕着同一个主题，那就是诚实的缺失。如果你成长在一个不诚实的家庭中，那么若你不相信他人和自己，也就不足为奇了。诚实应当是一个健康家庭的基石。孩子们只有在认知和情感上觉得自己可以信赖父母的经验知识和一贯行为时才能放松下来，发展出真实的自我。

此时，当你了解了这些畸形的、不健康的沟通模式后，可能会如释重负，也可能会产生某些痛苦的情绪，如愤怒、悲伤和遭到背叛的感觉。

在第三章中，我们将探讨自恋型家庭中那些有声和无声的规则。这些规则会导致家庭成员的困惑、创伤和不稳定性。通过识别和理解这些规则，我们就可以描摹出改变人生的蓝图，也会懂得如何给自己的孩子营造健康的成长环境。

第三章

有声和无声的规则

  在成长过程中，我和兄弟们理所当然地认为自己不能流露真情实感。当我们感到悲伤时，爸妈就告诉我们别垮着脸。无论内心感觉如何，我们都必须假装一切都很好。我们这些孩子在每张全家福上都带着假笑，眼神却悲伤而空洞。看着这些照片，我的心很痛。

——安吉，54 岁

  自恋型家庭被说出来和没有说出来的规则所支配。即使从来没人捅破窗户纸，家庭成员们也都知道规则的存在。为了遵守这些苛刻的指令，非自恋型家庭成员往往会放弃自身的良好判断或需求。最终，自恋型家庭的规则扼杀了个人的心理和情感发展。
  在安吉的家庭中，规则之一就是"假装一切都好"。通过识别和理解自恋型家庭中的不健康规则，你将朝着更健康的情感生活迈进。

每个自恋型家庭可能都有自己独特的法则,在本章中,我们主要探讨四个常见的规则。

1. 不要流露真情实感

如果你在一个自恋型家庭中长大,'你可能会明白自己的感受——无论是好的还是坏的——并不重要。如果你感到悲伤或愤怒,那对你的自恋父母来说就太麻烦了;如果你感到兴奋或愉悦,那对他们来说就太有威胁性了。请记住,正如我们上一章所讨论的,自恋者不能很好地处理自己的感受——这就是为什么他们经常将自己的感受投射到其他成员身上。如果你遵守这一规则,并顺从自恋父母的情感,你就无法体会到属于自己的情绪,也因此无法作为一个完整的人而存在。

45岁的埃米分享了她母亲制订的潜规则。她的母亲会时不时地定义和表达每个家庭成员的感受:

> 妈妈是家里的老大。即使有任何不同的意见,爸爸、哥哥和我也不能反驳她,而是得努力控制自己的情绪。直到最后,我都一直纳闷爸爸是如何忍受这一切的。爸爸在晚年时背部做了大手术,生命垂危。当时我们都在病房里陪着他。医生走进来问他感觉如何。不用说,他肯定感觉糟透了。他刚要开口,我们的妈妈就开始替他回答。那一刻,爸爸转过身去,让她闭嘴!我们都惊呆了。爸爸终于在临终前站了起来!

68岁的吉尔告诉我，因为她那自恋的父亲有时会粗暴地执行不要流露真情的规定，所以她从小到大都不敢在家里皱眉头：

> 如果爸爸走进房间时看到我皱着眉头，他就会走过来给我一巴掌，然后对我说："给你那漂亮的小脸蛋来点笑容！"然后，他会喋喋不休地说我应该感谢拥有的一切以及我是多么自私。

吉尔父亲的暴力反应说明他觉得自己正遭受威胁。这位父亲私心觉得女儿皱起的眉头是自己教育失败的标志，他没有意识到，面对生活中的酸甜苦辣，人们本就应该产生不同的情绪。他之所以会告诉女儿不开心是自私的行为，是因为他把自己的自私投射到了女儿身上——这是自恋型父母的通病。这类扭曲事实的批评不仅让小孩子十分困惑，还会不可避免地对成年子女产生不良影响。

为了走出自恋型家庭的阴影，44岁的克雷格开始了第一次心理治疗。他说自己的母亲是一名自恋者，也是家里唯一被允许表达感情的人。由于长期压抑内心，成年后的克雷格没办法确认自己正在感受些什么。他会声称自己感觉"不好"或"不舒服"，却无法将这些感受具体化。我用了几周的疗程去和他一起辨别他的感受。当我帮他确认这些感觉时，克雷格非常高兴。他不停地说："我终于感觉到自己被看到和听到了，现在我也能看到和听到自己了。"最初接受治疗时，克雷格曾为他的难过、生气或害怕之情向我道歉。后来他发现自己的感受是正常的，是被允许的，这让他感到如释重负。

自恋型家庭也会禁止激动和喜悦之情的流露。为什么人们不能表达积极的情感呢？这是因为，如果自恋型父母的心情一般，那么儿女的快乐就会给他们带来自卑和不适。这意味着孩子仅仅通过表达喜悦之情就超越了父母，从而破坏了规则。

32岁的伊丽莎白为获得新闻学硕士学位而感到自豪和兴奋。那时的她十分向往成为一家电视网的记者。她的父母参加了她的毕业典礼，并在后院和他们自己的朋友为女儿举办了小型聚会，但是伊丽莎白的母亲打心眼里无法容忍女儿为自己的成就感到兴奋和自豪。伊丽莎白告诉我：

> 起初我很激动，因为父母看到了我的努力，参加了我的毕业典礼，还提议为我举办聚会。但我很快意识到，我的朋友们并没被邀请参加聚会，来的都是我父母的朋友。我恍然大悟，原来这是他们的炫耀派对——我的成就反映了他们的教子有方。更糟糕的是，就在客人们到来之前，我母亲和我说："贝丝，不要谈论你自己、你的学位或职业规划。这会显得你在吹牛，也会让我很尴尬。"我的心沉了下去。我心想：如果这样的话，那聚会的目的是什么呢？我记得我只在派对上待了一小会儿，就和朋友们出去玩了。本该庆祝我成就的这一天就这样被毁了。我希望父母能为我高兴，能接纳我的喜悦之情，但我却在本该高兴和自豪的日子里感到悲伤。

伊丽莎白的自恋母亲感受到了来自女儿的威胁，对女儿产生了嫉妒之情，所以她不允许伊丽莎白在取得成就时流露出喜悦。虽然母亲拥有副学士学位，但女儿获得硕士学位的事实剥夺了她的安全感和满足感，更让她难以接受的是伊丽莎白溢于言表的喜悦之情。

因此这位母亲不得不执行她定下的"规则":别炫耀,别表现得太开心,这会让我难堪。

2. 保持"完美家庭"的假象

在自恋型家庭中,你的外在形象比你的真实自我和感受更重要。家庭中的每个人都能意识到保持"完美家庭"的假象的重要性,因此每个成员都必须向外人证明,"一切都很好"。我们都知道这世上没有完美的家庭、父母或人生。生活处处是挑战,人们也面对着未知。事实上,你能想到有谁从未在生活的泥潭中挣扎过吗?所有的这些都是人类壮阔旅程中的小插曲。但在自恋型父母领导的家庭中,假装完美是一条重要的规则。外在的完美可以掩盖自恋者的缺陷。正如你所能想象或经历过的那样,不断作秀不仅会耗尽精力,还会妨碍真情实感的流露。

37岁的菲奥娜和我分享了一个故事——她那自恋的老妈需要给家里的客人展示完美的假象:

> 我的母亲不擅长做家务,似乎也并不在意家里的东西乱七八糟的。但如果有朋友来访,我们就必须确保家里一尘不染。她会派我们用牙刷清洁浴室,保证所有瓷砖缝都干干净净的。在任何人来拜访之前,我们必须把房子收拾得让妈妈满意。哪怕有一扇窗户没有被擦得闪闪发光,那也是天理不容的。事实上,这让我们惧怕有人来做客;而且,一尘不染的房子也让我

们束手束脚的。作为一个成年人，我确实喜欢整洁有序的房子，但如果我家在朋友来访时并不完美，我也觉得无所谓。我家那一尘不染的房子好像是妈妈自尊的写照。

自恋型人格障碍的特点之一就是对无限的成功和权力充满幻想，这份幻想可能包括一栋完美的房屋。与自恋障碍有关的另一个特征是，自恋者需要得到过度的夸奖，还要通过剥削别人去满足自己的需要。

48岁的德里克似乎从未和自恋的父亲停止争吵。但是，为了呈现家庭和谐的假象，父亲坚持不让德里克与别人谈及他们的吵架内容。

我的父亲是个刻薄鬼和虐待狂，会对我说些难以入耳的话。我永远无法取悦他。但如果我因为这些争吵而心烦意乱，转而找朋友出去玩的话，他就会告知我一个明确的信息：振作起来，不要让任何人知道我们吵过架。我猜他是觉得暴露我们的争吵会让他难堪。我们两个人都在这个功能失调的家庭中学会了否认和保守关于它的秘密。

德里克的父亲不希望儿子说出他为人刻薄的真相。他们私下交往的一切只能成为秘密。他在公共场合对德里克不错，而这都是为了维护他作为父亲的面子罢了。

34岁的乔妮讲述了一个关于社交媒体信息与现实之间的差距的故事。这类故事经常发生。在节日聚餐时，她自恋的母亲发起了以自我为中心的争论，又将争论隐藏在了发布在社交媒体上的、充满微笑的照片背后：

> 我讨厌脸书（Facebook）！我必须远离它。无论是特殊场合还是节假日，我们家都会大吵一架，而争端通常都是由我妈妈挑起的。几天后，她还是会在脸书上发布我们围在餐桌旁过节的照片，就好像我们是一个快乐的大家庭似的。这让我很反感。

我在许多来访者那里听到了和乔妮相同的抱怨。他们"完美而幸福的"家庭形象被自豪地展示在社交媒体里的照片中，而事实上照片里的人并不幸福。对自恋型父母来说，炫耀这种不真实的形象是必要的。他们以此来说服自己，他们个人的行为不会对家人产生负面影响，一切都很好。

奥斯汀和安德烈娅是一对28岁的双胞胎。为了梳理自己的成长经历，二人正在一起接受心理治疗。新冠疫情发生时，我们用Zoom（一种视频软件）沟通，而一件奇怪的事情在此期间发生了。这对兄妹通常看起来健康而强壮，但在这次治疗中两个人都显得疲惫不堪，脸色苍白。我知道出事了，于是问他们是否安好。他们带着询问的表情对视，然后说出了以下情况：

> 我们知道这一切听起来很傻。我们俩感染了新冠，而爸妈让我们待在家里，不要把这件事告诉任何人！我们在流行病期间在家里被传染这件事对妈妈的形象不利，也让我们全家看起来不够谨慎。我们也不敢告诉大家族里的其他成员。外婆和妈

妈一样自恋，我们相信她只会责怪，而不会同情和帮助我们。现在我们终于可以把这件事告诉别人了，真是如释重负。

在本例中，兄妹二人就连生病也违反了自恋型父母的规则。因儿女的病情而无法展现出完美的家庭假象，这对父母来说是个令人不适的负担。

自恋者喜欢拔得头筹，也想让自己和家人表现出众。虽然努力做到最好并没有错，但如果自恋者为了一己之私而强迫其他家庭成员坚持一成不变的完美主义，弃真实性于不顾，那事情就有问题了。自恋者往往要求他人主动服从自己，且不知道这样做会对他人造成什么影响。这又是一个自恋者缺乏同理心的例子。

3. 父母的需求高于孩子们的需求

在健康的家庭中，成员们的优先级是很明确的。父母是孩子的照顾者，而不是被孩子照顾的对象。在自恋型家庭中，满足父母的需求才是最重要的事情。他们对子女的认可建立在其满足自身需求的基础上。正如纳内特·加特瑞尔[1]所说的："自恋的父母总是在他们需要你的时候才出现！"

59岁的斯蒂芬妮说，父亲的需求总是在她的原生家庭中排名第一：

---

[1] 医学博士，阿姆斯特丹大学客座教授。——如无特别说明，本书脚注均为作者注。

> 我记得高中时我非常想加入游泳队。在此之前我已经游了好几年泳，觉得自己很有希望进校队。为了入队，我需要在夏天进行大量的训练，参加游泳比赛，还不能缺席。不过爸爸坚持让我和妈妈陪他出差，这样他就能给潜在的新客户留下好印象了。他们本可以不带我一起去的，我可以留下来，寄宿在一位女性朋友的家里。可是爸爸却不同意。他对我说："加入那个高中游泳队并不是什么正事。支持你老爸才是正事。讨论结束。"我知道我最好还是不要和他争论，因为他的决定就是最后通牒。对当时的我来说，参加游泳队才是最重要的——这对他来说根本无足轻重。

斯蒂芬妮的父亲无法支持她对竞技游泳的兴趣，包括接下来我要提到的关于父亲无法深入了解儿子学习困难的案例，都源自同一个问题：自恋型父母将自己的需求置于孩子的之上。在健康的养育环境中，家长会接纳孩子的需求并以开放的态度去满足它们。举个例子，如果孩子的学习成绩不好，那么父母就会想要知道问题出在哪里，孩子在哪些方面需要帮助以及自己如何为孩子提供支持。

50岁的伊万向我诉说了他早年的家庭经历。当时伊万的父亲以一种奇葩的方式解读了儿子糟糕的成绩单：

> 我确信我爸爸是个自恋狂。一切的一切，甚至我的成绩单，都与他有关。我的初中成绩并不好。上初一的时候，我记得自己有次考试得了F。看到我带回家的成绩单后，爸爸非但没有帮我，给我找个家教什么的，反而认为我的成绩丢了他的人。这

件事的后果很严重，我觉得自己成了爸爸的负担。总之，他骂我懒惰、不听话，"只想引起别人的注意"。我其实很喜欢学习，只是在数学方面需要一点帮助。但他的第一想法并不是想要帮助我。

显然，辱骂和责罚并不能帮孩子实现学业进步的需求。可面对儿子的糟糕成绩，伊万的父亲只觉得丢人。所以，他用发火代替了正确的处理方式和帮助儿子的行为。

有时候，那些优先满足自身需求的养育者会以不恰当的方式依赖孩子，让孩子代替自己的角色。邦尼的童年生活就属于这种情况。邦尼的母亲有焦虑和抑郁病史，但她并没有寻求专业帮助，而是依靠女儿来维持家庭形象。

当54岁的邦尼开始在治疗中处理她与母亲的关系时，她告诉我：

> 我拥有一个非正常的童年。我觉得我才是藏在妈妈身后的女主人。如果妈妈的女性朋友要来吃午饭、召开慈善会，或者来打牌，我就得负责做饭端菜，打扫卫生。虽然妈妈无法完成这些家务，但她向我灌输了这样的观念：让她的同伴感到宾至如归是很重要的。她从未担忧过我可能会有其他想做的事情——比如和朋友们出去玩。而且我也不够硬气，不敢和她作对。她认为一个好女儿就应该先满足父母的需要，再满足自己的需要。我想当时的我应该是被洗脑了。虽然现在的我对此挺愤怒的，但当时的我只是乖乖照她说的做了。

上述每个故事都证实了一点，即孩子的基本需求没有得到满足。可悲的是，在上述情况下，孩子们很早就知道他们是为父母服务的，父母的需求成了孩子一直尝试击中的靶心。由于这些靶心往往是游移不定的，父母的要求也就变得无法满足了。这会让孩子觉得自己很失败。这也是"我不够好"这种想法能深植于自恋型父母的成年子女心中的原因之一。

4. 孩子们无权拥有边界感或隐私权

自恋型家庭中通常不会划分出家庭成员之间，以及各个私人领域之间的边界。孩子们没被当作有需求的人，而是被看作物品。自恋型父母总是把自己的需求放在首位，用自己的喜好去划分边界。

我们都有种健康的需求，即在自己的物理空间、情感空间和物品周围划定界限。回想一下你目前的居家生活：你可能和别人住在一起，也可能独居。即使你和别人住在一起，你也能清楚地辨别出哪些东西是属于自己的：你的衣服、书籍、杂物、床，有时甚至是一把椅子。我们的身体也有属于自己的边界。我们可以决定谁在什么时候和我们产生身体接触，以及别人说话时和我们的社交距离。我们也拥有私人的想法和文字，比如我们的短信、电子邮件和日记。如果你生长在一个自恋型家庭中，那么这些边界就不会得到尊重。自恋者往往会为了一己私利逾越它们。

多年来，我接待的许多来访者都曾遭受过自恋型父母的性虐待。在任何形式的性虐待中都有个显而易见的特质，即边界感的极端缺乏。性犯罪者将自身的需求凌驾于受害者之上，完全无法共情对方。

换句话说，为了满足性犯罪者的需求，受害者（即使是性犯罪者自己的孩子）被物化和被剥削了。许多遭受过性虐待的来访者称，施虐者在施虐前和施虐过程中一言不发，而自己在被虐待的过程中被"冻住"或"解离"了。还有一些来访者告诉我，自恋者会通过合理化性虐待的方式来操纵他们。这里有个典型案例。施虐者和女儿说自己要教她如何取悦男人，以帮助她将来拥有良好的两性关系。可悲的是，乱伦的受害者常常因为羞耻感而自责。

性犯罪者是最糟糕的自恋型人之一。所有的性犯罪者都是自恋人士——他们显然把自己的需求凌驾于受害者之上，鲜少负责，且缺乏同理心。

自恋型父母也可能会破坏其他重要的界限。55岁的吉姆告诉我，从小到大，甚至在青少年时期，他在浴室里都毫无隐私可言。吉姆的父母在他泡澡、淋浴甚至上厕所时随意出入浴室，浴室的门上根本没有锁。当吉姆终于开口要求装门锁时，父母嘲笑他"太见外了"。显然，只要他们自己觉得舒服，吉姆的父母根本不在乎自己毫无边界感的行事规则会给儿子带来什么影响。

46岁的莫妮克也有个类似的故事。她自恋的母亲缺乏边界感，不尊重他人隐私。只要她自己过得舒服，那么其他一切都不重要：

> 我们的房子很小，所以妈妈把她的一些衣服放在了我的小衣橱里。我并不介意和她共用衣橱，可是，每当她需要从里面拿东西时，她就会径直闯进来，走的时候也不帮我关门。有时候我正在穿衣服或者身着内衣，她就打开了门，这样的话，我的爸爸和哥哥们可能会看到我。当我告诉妈妈要先敲门的时候，

她就取笑我,说我太害羞、太神秘兮兮了。"这根本没什么大不了的,莫妮克!"可这对我来说真的是件大事。最后我不得不顺从她的做事方式,也接受了自己毫无隐私的事实。

如许多来访者所述的那样,剥夺孩子的隐私有时会被用作一种惩罚。为了惩罚孩子的错误行为,父母会拆掉孩子们的卧室门,让他们没有地方私下穿衣或睡觉。

自恋型父母无法将子女视为独立的个体,往往不愿意让他们拥有自己的空间和想法。他们相信孩子就是自己的延伸,所以认为自己有权知道孩子在做什么、想什么。

66岁的特丽莎告诉我,她私下写的日记并不能守护住自己的秘密:

> 在成长的过程中,我很喜欢写日记。那是我处理自身感受和记录周围一切的方式。有天放学回家后,我发现妈妈从我房间的隐蔽处找到了五本日记。她不仅阅读这些日记,还把其中的一些内容抄了下来。我感到被严重冒犯了。可是当我质问她时,她说:"你是我的女儿,我有权知道你身上发生了什么。"从那以后,我就再也不写日记了。

孩子想要保密的或只想告诉几个好朋友的事情,可不只有日记里的内容。拉里很早就学会了停止向母亲吐露心声。他告诉我,他的母亲认为自己有权将儿子披露的任何私人信息传达给大家族其他成员。这让拉里觉得自己的隐私没有得到尊重,遭到了严重的背叛。

他告诉我：

> 我可能会分享今天在学校过得怎么样，或女朋友跟我说了些什么。在不知不觉中，全家人都知道了我和妈妈分享的这一切。在听我说话的时候，她表现得好像知道那是我俩的私下对谈。但很快，所有人都知道了我私下告诉她的事情。于是我学会了保密任何我不想传遍全家的事。

边界感的缺乏也会波及孩子的个人财产。步入青春期的西娅拉不得不与自恋的母亲共享她的珠宝。母亲理所当然地认为西娅拉的东西也是她的，从不征求女儿的意见。如今，43岁的西娅拉告诉我：

> 当我到了能自己赚外快的年纪时，我就喜欢给自己购置些时髦的耳环和手镯。但不幸的是，妈妈在这方面的品位和我差不多，所以她会随便戴上我给自己买的新耳环。我在首饰盒里翻找了半天，才发现它们不见了。当然了，我会在妈妈的抽屉里、书桌上或者耳朵上找到它们。她从不觉得这么做需要征求我的同意。当我提到耳环是我攒钱买的时，她就告诉我，要不是她帮忙说好话，我还永远也得不到这个赚外快的机会呢。

剥夺孩子的信仰也是一种自恋的体现。当父母坚持自己的信仰高于孩子在成长过程中相信的所有信仰体系时，也就摧毁了孩子独立思索与发掘答案的能力。55岁的卡罗尔说，在她的家庭里，"你无权在任何事情上维护自己的信仰"：

> 我的父母是坚定的天主教徒，还持有强烈的政治观点，非常专制。因此他们完全模糊掉了信仰体系方面的边界感。你必须和他们所相信的保持一致，否则就会遭受羞辱和训斥。他们声称我的信仰是错的，而我可能会因此下地狱。这剥夺了我的安全感，让我学会不再表达任何对立观点。成年的我接受了康复治疗，花了很长时间才形成了自己的信仰体系。

如果你生活在自恋型家庭中，那么你就没有独立思考的权利，这很可悲。自恋者会认为你的大脑是属于他们的财产。

自恋型家庭中的孩子往往被迫遵守这四条有声和无声的规则，独自承担痛苦。在成长过程中，孩子们被迫隐藏自己的真实感受，维持"完美家庭"的形象，接受父母的需求是第一位的，并允许父母打破彼此之间身体和精神的界限。这一切都让他们感到孤独和困惑。面对这种矛盾的情绪冲突，孩子该向谁寻求帮助？当遭受自恋型父母的打击时，孩子该怎么做才能发展出强烈的自我意识？

接下来……

在本章中，我们探讨了自恋型家庭运用的某些不健康规则。正如本章上述的案例所揭示的那样，隐藏真情实感、宣扬完美家庭的假象、确保父母的需求优先于孩子、禁止孩子拥有隐私或健康的边界感——这些规则都会对孩子造成心理伤害。

正如我们将在第三部分"治愈与解脱"中讨论的那样，人们可以习得信任和真诚，建立健康的边界，并停止遵守在原生家庭中可能学到的不健康规则。只有这样，人们才能走上康复之路，让康复之路的风景成为自己心中崭新的世界面貌。

在第四章中，我们将讨论子女以及其他不同家庭成员在自恋型家庭系统中所扮演的角色。

第四章

家庭角色组成

> 我一直不明白为何我和我的兄弟姐妹在成年后都不亲近，而其他家庭都一起度假、聚会和过节。我们被教导要彼此嫉妒和竞争，而不是相互支持、相互关爱。这对我们一家来说是巨大的损失。即使家里有人去世，我们也只能通过短信得知消息，然后独自哀悼。
>
> ——戴尔，45岁

与酗酒家庭类似，自恋型家庭也会为成员分配角色。我们可以把家庭成员们想象成一出戏中的角色，而自恋者是这出戏的主角。为了让自恋者维持自身的控制地位，也为了让这个功能失调的系统正常运转，其他家庭成员都扮演了围绕主角而生的特定角色。

在大多数情况下，自恋者的配偶负责助纣为虐，孩子们则在无意中扮演掌上明珠、替罪羊和流放儿童的角色。换句话说，一个孩子会受到偏爱，一个孩子比其他人更受欺负或遭到挑剔，还有一个孩子基本被忽略不计。每个角色的诞生都是为了满足自恋者的需要。

孩子们会在不同的生活时期互换角色。例如，替罪羊可能会在某个时刻化为掌上明珠，反之亦然。这取决于父母在特定时期对孩子的需求。这些角色会出现在功能失调的家庭系统中，破坏真正的亲密关系，尤其是兄弟姐妹之间的关系。这种同辈间的相处模式会造成一定的不良后果，给孩子们带来终身影响，即疏远最有可能为自己提供支持的人——自己的兄弟或姐妹。

在治疗来访者的过程中，我发现很多人一开始都对自己在家庭中扮演的角色感到困惑。有些人很难回忆起自己究竟是如何与家人互动的，因为他们不得不长期"打落牙齿和血吞"，假装一切都很好。还记得"保持'完美家庭'的假象"这一规则吗？正如普雷斯曼在书中所陈述的：自恋型家庭往往就像寓言故事中金玉其外、败絮其中的红苹果。它看起来很不错，只有咬下去之后，你才会发现里面有虫子。也许苹果的其他部分仍看着很光鲜，但这时的你已经没有胃口了。

虽然自恋型家庭中的某些角色与酗酒家庭的相似，但有一类角色是无法和自恋型父母共存的，那就是小丑或吉祥物。在酗酒家庭中，这类孩子负责用搞笑来缓解紧张的气氛。丑角的幽默感会吸引别人的注意，对自恋者造成严重威胁。我相信这就是为什么该角色不存在于自恋型家庭中。在用幽默舒缓家庭氛围的同时，这类孩子也会引发很多关注，从而遭到羞辱和污蔑。这会击垮他们的情绪。而自恋者是自恋型家庭中唯一一个能享有所有权力的人。

我们还必须指出，很多人的原生家庭既有酗酒者，也有自恋者。毒品或酒精会导致更多的家庭混乱，凸显更多的自恋特质，所以这类家庭的成员会经历双重功能失调的打击。

当我们讨论自恋型家庭中各个成员所扮演的角色，即帮凶、替罪羊、掌上明珠和流放儿童时，你可能会发现自己或兄弟姐妹也扮演着其中的一个或多个角色。

帮凶

自恋型家庭中的帮凶通常是自恋者的配偶，也有可能是他们的孩子。所有家庭成员都会围着自恋者转，而帮凶更甚。他们会照顾自恋者，为对方找借口，尝试找到合理的理由为对方开脱。这类人通常也和自恋者相互依存——他们只懂得照顾别人，而不顾自己。为了维持家庭的和谐，帮凶会想方设法安抚家里的自恋者。他们往往缺乏自尊和自我价值感，所以更容易受到自恋者的影响，认为自恋者比自己更重要。帮凶被自恋者的魅力和操控技巧所吸引，往往选择相信对方冠冕堂皇的发言，认为自己离不开对方。而在自恋者的幻想国度中，他们恰恰希望自己被当作一国之主对待。

一些帮凶已经看透了自恋者，也意识到了对方的弱点和脆弱的自我内核。但他们错误地认为，如果自己能给对方足够的爱，并充分地取悦对方，他们就有可能矫正或治愈自恋者。不幸的是，他们越是努力尝试，就越是灰心丧气，因为人们的爱心、理解力和同情心对改变自恋者来说是远远不够的。尽管帮凶已经很努力了，但他们的自恋型配偶或父母还是一直无法做到与其他家庭成员情感同调。最终，这些"帮凶"会成为不被爱和不被欣赏的失败者。

我注意到许多自恋者的帮凶都得出了一个令人沮丧的结论。那就是，虽然他们认为自己能帮助或矫正伴侣，并从中获得爱的反馈，但他们的付出从未得到过回报。

52岁的勒妮讲述了如今的她如何看待自己与自恋前夫之间的关系：

当丈夫对儿子要求过高时，我总是站在丈夫一边。我花了很长时间才想明白，丈夫拒绝倾听儿子的想法，所以我听到的每件事都只是丈夫的一面之词。一切永远都是由他说了算的。起初我以为，这种拒绝换位思考的态度会让我们的孩子变得更坚强，所以即使知道丈夫错了，我还是不断给他加油打气，希望他最后可以回过头来感激我所做的一切。我为自己没有早点清醒过来而感到惭愧，也觉得自己很傻。我真的很爱他，以为最后一切都会好起来的。我的脑袋里有个"修理工"，以为自己就是那个可以用爱和包容感化他的人。但现在我明白了，他根本就没有爱的能力。

布兰登今年42岁。起初他被妻子的魅力牢牢吸引，全心全意地关心和爱慕着她。但女儿的出生转移了他的注意力，这让妻子感到不满：

我曾以为自己遇到了梦中情人。她美丽、聪明，把我迷得神魂颠倒。每个刚见到她的人都喜欢她。她为人自信，拥有令人惊艳的时尚品位。我想照顾她，保护她，和她生小孩。约会的时候，我把所有的注意力都放在她身上。我们曾经火花四溅。

可是，当我们的第一个孩子出生以后，我就感觉到有点不对劲了。那时候大家都把注意力集中在了孩子身上，没那么快关注她。我一眼就看出了她对孩子的不满。我越是关心刚降生的女儿，我们婚姻里亮起的红灯就越多。这让我摸不着头脑。虽然这很难以启齿，但我感觉她好像在嫉妒自己的孩子！无论是当初还是现在，她都不鼓励我和女儿之间建立亲密关系。这影响了我，也伤及了可爱的女儿。

这类帮凶最终认识到和自恋者交往是个错误。但他们之中有些人即便与孩子闹掰，也要继续忍受自己自恋的伴侣。

在父母结婚五十周年纪念派对中，康妮及其兄弟姐妹被惹怒了。派对上，他们的母亲助纣为虐，和自恋型父亲上演了一出好戏。只有孩子们才知道这虚伪场面背后的真相：

> 哥哥打电话给我，提议我们在父母的结婚周年纪念日为他们举办派对。我并不期待，但还是同意了计划。爸妈的婚姻是十分畸形和不幸福的，还充满了争吵和暴力。在爸爸飞扬跋扈、恃强凌弱的时候，妈妈总是试图安抚他。但有时她实在受不了了，就会崩溃。我们三个孩子学会了装聋作哑，但也都知道一切并不完美。所以问题来了，为什么我们非得假惺惺地庆祝一下他们的婚姻？这有什么可庆祝的？举办派对，听他们诉说虚假的爱意，看着所有来宾都相信我们完美的家庭假象，是我做过的最困难的事之一。离开时，我觉得自己就像个诈骗犯。

从 37 岁的卡梅伦陈述的情况来看,他的父亲显然是个自恋狂,母亲则是个帮凶:

> 我知道爸爸"放飞自我"了。他精神有点问题,刻薄易怒,虐待他人,也从来没有真正地开心过。无论我们做什么都没办法取悦他。不过,我也很生我妈妈的气。她当时为什么不保护我们?她好像觉得爸爸做的事都没错,还试图为他找补。她从来没有反抗过他,也没有以任何方式保护过我们,从来没有。我想和她对峙,同时又为她感到难过。说真的,如果父母双方有一方虐待你,而另一方却不保护你……那不就意味着两个人都有虐待行为吗?

我肯定了卡梅伦的观点。我们当然不能允许和纵容任何虐待儿童的行为。事情就这么简单。

你父母的一方是否支持自恋的伴侣,从而扮演了帮凶的角色?这是否让你怨恨或不信任他?你能理解他与自恋者同流合污,以避免冲突和权力斗争,并将家庭的混乱保持在最低限度的行为吗?在人际交往当中,你是否有扮演帮凶的倾向?洞察家庭里这部分的功能失调将有助于你的康复进程。

替罪羊

为了更好地理解替罪羊的角色,我们需要先回顾自恋型家庭的某些规则——自恋型父母不对自己的行为负责,屏蔽自己的感受,还将这些感受投射到他人身上；自恋者往往会嫉妒他人的优点；面对客观真相的他们会感受到威胁。

当自恋型父母把缺乏安全感、自我厌恶和自我批判的情绪投射到家庭成员身上时，担任替罪羊角色的孩子就成了处罚对象。换句话说，替罪羊成了家庭的牺牲品，被抛弃的次数也最多。他们会遭到自恋父母的欺辱和贬低，被兄弟姐妹厌恶，常觉得自己是家里的"害群之马"。

替罪羊是自恋型家庭的叛逆者，是更具批判意识的思想者或更为独立的那个孩子。又或许，在目睹了事情发生后，是他们道出了自恋者行为背后的逻辑。面对自恋者的控制欲和其凭空捏造的叙述，替罪羊往往是第一个冲出来"顶撞"他的人。众所周知，替罪羊也会打破自恋型家庭的规则。例如，替罪羊孩子会和妈妈说："你说你爱我，但我从你的行为中看不到爱意。""奶奶来的时候，我们必须装作一切都好。问题是我们这个小家刚刚发生了'第三次世界大战'，我怎么可能装作对此没有感觉呢？"

可悲的是，其他家庭成员也可能会接受替罪羊的人设，甩锅给替罪羊孩子，从而成为自恋者的帮凶。因此，替罪羊会遭到来自自恋型父母和其他家庭成员的双重谴责。日后，其他家庭成员可能会意识到自己曾把兄弟姐妹当成了替罪羊，但当时他们只是单纯追随自恋者的脚步罢了。

最终，替罪羊孩子往往会背负起整个家庭的耻辱。他们会认为自己是坏孩子，是个浑球。正如一位来访者对我说的那样："我的姐姐和父母一直告诉我，一切都是我的错，所以我想我是被洗脑了。我选择了相信他们。"

35岁的梅里利曾把家里的所有问题都归咎于自己,而她那被理想化了的、掌上明珠般的姐姐却总是能欺瞒自恋的妈妈,全身而退。梅里利告诉我:

> 姐姐凯特是幕后真凶,而我就是那个被当作替罪羊的孩子。每当凯特做了坏事以后,她就会甩锅给我,而妈妈总是选择相信她说的话。于是,我就成了家里的麻烦精。虽然这是常态吧,但有件发生在我小学时期的事还是让我记忆犹新。那时妈妈会开车接送我们上下学。当时,凯特把一袋糖带上了车。她偷偷将糖吃掉,然后趁妈妈没注意把包装纸藏到了座位下面。后来,妈妈从后座拿东西时发现了藏起来的包装纸,问我们是谁干的。凯特马上指认了我。虽然我摇头否认,但妈妈相信了凯特的话。她不仅命令我把包装纸清理干净,还让我把整个车厢都擦一遍。我记得她们当时的态度带给了我伤心、生气以及困惑的情绪。不幸的是,直到今天,我也没能和凯特成为推心置腹的姐妹。

45岁的帕特里克被他自恋的父亲当成了替罪羊,他一直在替父亲的行为感到羞耻:

> 现在我长大了,发现自己实际上是个总想让父亲为自己感到骄傲的好孩子。我努力取悦父亲,但从来没有成功过。如果他当天觉得不爽,那么他整周的不顺就会平白无故成为我的错。我很难摆脱这种负罪感。即使已经长大成人,我仍然觉得自己正背负着一袋沉重的铅球,每个铅球都代表了一项沉重的耻辱。

而这些耻辱根本不属于我!

还记得那首古老的童谣吗?童谣的主角是一个鬈发垂在额头上的小姑娘:"……当她好的时候,她甜似蜜糖;当她坏的时候,她如同砒霜。"而属于替罪羊的故事版本应该是这样的:"有个小姑娘,她的额头上有鬈毛。无论怎么好好表现,她都会被造谣。"

有趣的是,扮演替罪羊的孩子通常是家中最健康的成员,因为他们比其他人更早道出真相。他们往往比其他家庭成员更早打破功能失调的模式,而且经常是家庭中唯一一个在成年后为摆脱自恋型家庭投下的代际阴影而努力的成员。

你是否发现自己是家中最受挑剔或是那个为家庭问题顶罪的孩子?这种情况或许在你成年后仍会发生。"为什么是我呢?"你百思不得其解。如果是这样,那么,在康复的过程中,你就需要学会拒绝这种角色,肯定自己以及为自己发声。

掌上明珠

看似光鲜的掌上明珠,实则也会有其独特的弊端。当自恋型父母把负面情绪投射到替罪羊和其他成员身上时,他们也会把自认为理想的状态投射到掌上明珠身上。于是,这些受宠的孩子与自恋者的关系往往比其他成员跟自恋者的关系更紧密,也更容易被自恋者的阴影所吞噬。由于自身和父母纠缠不清,这些被理想化的孩子会更难从自恋者的泥潭中抽身,也更难实现个体化。因为这就意味着他们要放弃自恋型父母对自己的关注和欣赏。为了保持父母投射过来的出类拔萃的形象,掌上明珠往往很难发展出真实的自我。

掌上明珠会受到明显的偏爱,而兄弟姐妹也经常被拿来与他们做比较。例如,自恋的父母可能会对其兄弟姐妹说:"你为什么不能像你姐姐一样取得好成绩?""你弟弟已经自己赚钱了,你该问问他有什么秘诀?""你姐姐和她的家人都笃信《圣经》,是虔诚的基督徒。你又是怎么回事?"

在事业或其他活动上追随自恋父母的脚步,会让掌上明珠与父母步调更加一致。一般来说,只有当孩子与自己兴趣相投时,自恋者才会参加他们的兴趣活动。如果自恋的父母喜欢足球,但不喜欢音乐,那么他们很可能会去观看孩子的足球比赛,而不前往其他孩子的钢琴演奏会。同样,如果孩子参加的运动或其他活动是他们所喜爱的,自恋型父母可能会为孩子的训练提供接送服务。

当自恋型父母给予掌上明珠更好的待遇时,这些受宠的孩子往往会喜忧参半。有些人会变得自鸣得意,并期望在家庭之外也能得到优待。然而当踏入现实社会时,这些优越感就会成为减分项,令他们无比困惑和沮丧。这是因为社会不会像原生家庭那样偏爱他们。有些人不了解自恋型家庭的动态模式,且没有寻求康复治疗,所以加入了自恋者的行列。还有人表示,他们对自恋父母的偏袒感到内疚,因为他们知道这种待遇是不公平的。为了保持自恋型父母灌输给他们的形象,掌上明珠需要不断追求完美,这种完美主义会成为其人生中一道沉重的锁链——这或许就是作为掌上明珠的最大弊端之一。

掌上明珠经常会提到冒充者综合征[1]，或感觉自己是个骗子。尽管他们被当作理想的载体，不断被告知自己有多么优秀，但他们内心深处知道自己并不比别人好到哪里去。自恋型父母对待他们的方式与他们了解的真实自我之间是脱节的，这会导致他们成年后的自毁行为。

57岁的韦斯利和66岁的凯瑟琳都提到自己曾是自恋父母的掌上明珠。韦斯利说：

> 我知道我是妈妈的心肝宝贝。她偏爱我，认为我不会做错事。与此同时，她总是去挑我兄弟姐妹的毛病。我觉得自己长大后会是所有孩子中最成功的一个，但我真是大错特错！长大后，我一直都在用药物和酒精进行自残，企图掩饰我脆弱的自尊心和不够成功的人生。我对这一切感到非常难过。现在我清醒了，开始明白这一切是怎么回事。

凯瑟琳说：

> 我知道，与兄弟姐妹相比，我是最受宠的那个。我工作认真、成绩优秀，喜欢帮助妈妈，还参加了妈妈喜欢的各种课外活动。我妈妈曾是一名音乐教师，她热爱音乐，而我在音乐方面也表现出色。所以当我在18岁告诉父母我怀孕的消息时，妈妈丧失了理智。在那之前，我一直是个处女。爸爸似乎还能接

---

[1] 又称自我能力否定倾向，是指个体按照客观标准被评价为已经获得了成功或取得成就，但是本人却认为这是不可能的的心理。——译者注

受此事，而妈妈只是双手抱头："我以为我能放心你和任何男孩子一起过夜。"这件事不是闹着玩的，妈妈也不肯放过我。我——她的完美小孩，竟然让她失望透顶。她开始喋喋不休，说着该如何向家人、邻居和亲戚交代这件事。当然，这一切都是为了说服她自己。天哪，回想起来，那时的我真的需要别人的支持和鼓励。

31岁的安娜贝勒曾在家里的四个孩子当中最为受宠。在治疗过程中，她经常谈到要摆脱自恋父亲的阴影是多么困难：

> 我想取悦父亲，让他以我为荣，但我发现自己并不同意他所宣扬和相信的一切。这让我陷入了困惑。我喜欢他向我投来关注的目光，但这同时也给了我很大的压力，当时，我事事都要向他请示，感觉自己仍然像个小孩子。后来我意识到爸爸根本不了解真正的我。他只了解那个讨人喜欢的我，或者说是那个专门讨好他的我！

很多掌上明珠都声称他们在个体化方面存在困难，也就是说，他们很难与原生家庭分割开来，尤其是远离让他们感到窒息且塑造了其自我形象的自恋型父母。虽然这类孩子似乎很亲近父母，但是自恋的父母却不知道如何亲近这些孩子，与他们保持同频。这些自恋者在掌控一切的同时，又在情感上给人一种疏离感。

我们可以理解掌上明珠所背负的沉重负担。他们的理想化形象在其兄弟姐妹或外人看来似乎还挺体面的，可是，这种形象为他们带来了无法摆脱的情感劣势。

你当时是否清楚自己是家中的掌上明珠？你可能会因为无意中扮演了这个角色而感到内疚，但请放心，这不是你的错。

流放儿童

我相信所有自恋型家庭中的孩子的情感都会遭到忽视，流放儿童则体验了其中最为特别和痛苦的忽视模式。对那些扮演流放儿童的孩子来说，他们最典型的表现就是不惜一切代价地避免冲突，并使自己混迹于人群之中。这样做是为了不让自己引起别人的关注——无论那些关注是好的还是坏的。自恋型家庭中的许多流放儿童都沉迷于自己的世界，从而变得富有创造力，在艺术、写作、音乐或其他领域释放自己的内在热情。他们和我说，虽然是被忽视了，但他们自己也甘愿做个透明人。因为，避免他人的关注是他们的防御机制，是他们在自恋型家庭里独善其身的方式。

小时候的兰登经常一个人待在房间里作画。如今42岁的他已经远离了聒噪而自恋的父亲，专注于艺术创作领域。虽然兰登已是一名成功的画手，但从小以流放儿童的身份和自恋父母相处的经验对他有着持续的负面影响。他告诉我：

> 我的生活中只有工作和艺术两个维度。我没有朋友，也没有女友，过着节奏缓慢的生活。这令人感到极为孤单。除了艺

术，我不知道如何用其他方式与他人沟通。我的哥哥和姐姐会互相沟通，但大多数时候他们只是在吵架和给彼此惹麻烦。爸爸妈妈也一样在功能失调的泥潭中挣扎，而我只是置身事外。当他们试图拉帮结派时，我保持静默，声称自己什么也不懂。我们是一家人，但缺乏真正的情感联结。虽然我已经习惯于此，但这对我来说仍然是种巨大的损失。

流放儿童经常声称，他们在孩提时代就与自己的情感脱节了。因此，当流放儿童成年并开始接受治疗时，他们面临的重大挑战之一就是学会如何识别自己的情绪并真正感知它们。他们从小就学会了否认自己的感受和愿望，因而更难将它们宣之于口，所以学习表达感受是一项重要而具有挑战性的任务。

55岁的葆拉一直充当着流放儿童的角色。她是这样描述自己的感受的：

> 从小到大，我在家里就是个没有发言权的隐形人。我的姐姐是个捣蛋鬼，而我的弟弟是天之骄子，他们两个以不同的方式得到了很多关注，好的坏的都有。很奇怪的是，这种被忽视的感觉一直伴随着我长大成人。在工作中，没有人征求我的意见；在婚姻中，我的想法也不重要。我养的孩子们总是听爸爸的。参加聚会时，也不会有人征求我的意见。我知道这是我的问题，也知道我是被训练成了这样的。但要改变这种状况，在重要的事情上有主见、敢说话，实在是太难了。当我置身于人

群中时，我发现大家都在互相交谈，但就是不和我搭话，我就在旁边那么站着。这种感觉很奇怪。我想挥挥手，对他们说："嘿，我也在这里！"

55 岁的杰米正在和 50 岁的妹妹金一同照顾年迈的父亲。虽然两人小时候并不对付，但如今她们正在努力合作。在成长的过程中，金是父亲的掌上明珠，杰米则是流放儿童。两人的角色在父亲眼里似乎没怎么变过。杰米描述了父亲和两姐妹最近的互动：

> 当儿时的我们围坐在餐桌旁或电视机前时，爸爸会把所有的注意力都放在金身上，问她对他们关注的球队或节目有什么看法。当然了，金也总是在所有事情上附和他。这么多年过去了，一切都没有发生改变。爸爸说的所有话会直接越过我，到达金的耳朵里。即便提到了我那天为他做的事，他还是忽略了我的存在。他感谢的是金，而不是我。我感觉自己好像不存在似的！当我大声说出"爸爸，那件事是我为你做的"时，他回答道："那让我来问问你妹妹。"我就是没法赢过金。因为我帮了他很大的忙，所以我暗地里希望他能注意到我。但他对我的看法还是一成不变。

你是否能和当时那个流放儿童产生情感联结，甚至在成年后也觉得自己是个隐形人？你是否感觉很难发表自己的看法？在治疗的过程中，流放儿童需要致力于打破孤立的屏障，重获自信以及学会为自己发声。这些孩子很早就学会了放任自流，当个隐形人。要忘记童年的规训并不是件容易的事情。幸运的是，一旦流放儿童愿意发表自己的看法，学会表达自己的态度，就有机会为自己的人生赋能。

子女间的关系是如何受到自恋型养育的影响的？

自恋型家庭中的所有角色都是不健康的，也都背负着自己的重担。我们所描述的角色并不是一成不变的，可能会随着时间的推移发生模糊和改变。一些自恋者的子女表示，自己在童年的不同时期扮演了不同的角色。尽管如此，我们研究的每一种角色的扮演都会导致持续性的心理问题，也通常需要治疗才能克服。我们将在第三部分"治愈与解脱"中讨论相关治疗方案。首先，让我们来看看自恋型家庭中的子女关系随着时间的流逝会发生什么变化。

虽然健康家庭中的子女竞争被我们认为是正常的，但在自恋型家庭中，同辈之间的竞争会加剧，而且具有更大的破坏性。这是因为，自恋者总想要掌控一切，而削弱家庭成员之间的联系是其维持控制地位的一种方式。在健康的家庭中，父母都希望自己的孩子关系密切、彼此信任、彼此尊重。反观自恋型父母，他们并不真正关心子女是否关系亲密，只想确保家里所有人都忠于自己、关注自己。

对自恋型家庭系统中的孩子来说，如果他们至少能有一个关系亲近的兄弟姐妹，那就很幸运了——这个人可以验证他们生活在由自恋者主导的不健康家庭中的艰难处境。然而，更常见的情况是，自恋型家庭中的兄弟姐妹之间根本不会建立联结，因为没有人教过他们如何建立亲密情感或健康关系。他们通常会因竞争和比较而彼此对立。自恋型父母要求所有家庭成员的注意力都集中在他们身上，因此儿女之间的亲密关系被视为一种威胁。许多自恋型家庭的成年子女在努力和疏远的兄弟姐妹建立积极的关系，而这可能是个痛苦的挑战。

形形色色的原因造成了自恋型家庭环境中兄弟姐妹之间的隔阂。掌上明珠可能会因为自恋型父母对他们的偏爱而持续遭到厌恶。如果替罪羊坚持说出家庭动态模式的真相，他们可能会继续代人受过；替罪羊的兄弟姐妹则会觉得这名成员威胁到了家庭的良好形象。对那个遭人忽视和孤立的流放儿童来说，即使他们想与兄弟姐妹联系，也可能不知道从何下手。如果自恋型父母还在人世的话，他们可能会继续在成年子女之间制造嫌隙，阻止孩子们之间的联系。

而其他问题也可能延续至今。如果父母教导兄弟姐妹要互相竞争，那么他们就会在事业、孩子、金钱、外貌、伴侣、房子等方面对彼此产生嫉妒之情。如果儿女中的一个或多个成为自恋者，他们也可能与父母一起虐待剩下的人。

58岁的杰姬迫切希望与妹妹莫妮卡建立联结。孩提时代的姐妹俩被她们助纣为虐的母亲和自恋的父亲挑拨离间。莫妮卡受到宠爱，杰姬则成了替罪羊。杰姬年纪最大，很聪明，也很独立。她并不总是循规蹈矩，但做什么都很成功。这对父母和妹妹都是一种威胁。父母教导杰姬要收敛锋芒，不然莫妮卡会觉得自己很差劲。此外，莫妮卡想要什么，杰姬就得答应什么，而且还要做她的帮手。父母对莫妮卡的偏爱是习惯性的，他们从不鼓励杰姬拥有自己的权利和声音。成年后的杰姬想弥补这种关系，并试图以一种健康的方式与妹妹亲近起来，但她们以前在家庭系统中的角色分配导致莫妮卡不愿与姐姐联系。杰姬告诉我：

> 我不停地给莫妮卡打电话、发短信，试图与她和她的家人一起策划节日。我经常送她节日礼物和生日礼物，真的很想与她建立联系。但我干什么都没用。只有在有求于我的时候，她才会回复我。我因为这段不对等的关系而不得不放弃努力。对此，我一直感到很沮丧。

42岁的博比一直是家中的宠儿，而他的哥哥则是替罪羊和真相揭露者，曾与他们自恋的母亲对峙过。当博比试图在他们之间建立更亲密的兄弟关系时，他遭到了对方的不满和抱怨：

> 我知道哥哥很嫉妒我，而且他因为我小时候没和他一起反对妈妈而对我怀恨在心。尽管如此，为了让他愿意和我建立亲密的兄弟关系，成年后的我一直努力讨好他。可是他却无法控制自己的嫉妒心，曾在我家中对着我的妻儿说我的坏话。我通过家人得知了他那些伤人的话。我曾很努力地想和他建立关系，但最终还是放弃了。现在我只是对此感到愤怒和悲伤，但也意识到光靠自己是无法解决这些情绪问题的。

52岁的亚斯明对哥哥达赖厄斯有着嫉妒之情。达赖厄斯过去是、现在也仍然是父亲的宠儿。父亲是个浮夸的自恋狂，而达赖厄斯持续吹捧父亲的伟岸形象，这就是为什么父亲一开始就偏爱他。可想而知，达赖厄斯的优越地位严重破坏了他与亚斯明的关系：

>小时候，哥哥总能得到比我更好的礼物、新衣服和更多特权。现在我已经长大成人了，我们的爸爸仍然只给他钱，但不给我。我明白爸爸为什么喜欢他。达赖厄斯纵容爸爸那以自我为中心、自诩伟岸的个性，而我没有。所以达赖厄斯永远是受宠的那个。如今他的孩子也比我的孩子更受宠。爸爸总是抽时间陪他们，赠送给他们额外的礼物，还对他们赞不绝口。也许我能克服爸爸对我的轻视，但他对待我家孩子的态度就是另一回事了。

有时，自恋者会安排某些孩子去管理其他孩子。克洛艾的故事就展现了这一模式。她的故事还表明，在自恋型家庭系统中，人们得学会不要同时与两个及两个以上的人走得太近。孩子们学到了一点，即他们应该与自恋的父母保持最为一致的步调，而和其他孩子之间的亲密关系是不被鼓励的。这都是父母的嫉妒心理在作祟。因此，当自恋型父母的孩子长大成人后，他们之间往往会产生类似的动态模式：如果你和哥哥关系好，你就不能和妹妹关系好。自恋者的孩子永远学不会这一点：他们可以同时爱家里的每一个人，而不必偏袒任何一方。

由于自恋型父母的照料不足，现年58岁的克洛艾曾一直是妹妹埃米的照顾者。当埃米开始用毒品和酒精自残，无法照顾自己时，成年后的克洛艾继续扮演了照顾者的角色。埃米总是要求克洛艾去拯救她，而克洛艾也为妹妹感到难过。由于埃米从来没有达到过家庭期望的行为模式，父母对埃米避而远之。后来，埃米突然把对克洛艾的忠诚转移到了她们的哥哥身上。克洛艾解释道：

> 埃米好像只能在我和哥哥之间二选一，而不能同时亲近我们俩。她会和她需要的那个人步调一致，并抛弃另一个人。我理解这种戏剧性的行为，因为她一直以来都是这样做的。但最终，埃米让我忍无可忍。我帮助她摆脱了一段虐待性的关系，搬了家，给她买生活用品，帮助她开启新生活。我也给了她更多的钱，就像我过去经常做的那样。但她刚得到需要的东西就背叛了我。因为哥哥能给她提供新的资源。自此之后，她就开始对我恶语相向，这让我再也受不了了。她的背叛和恶行已经够多了。我不想长期受折磨，只能放手，但失去和她的联系仍让我很痛苦。她现在一直黏着我哥哥，而这种情况会持续到她遭遇下一个麻烦的时候。这太疯狂了。我不明白为什么她不能和我们两个同时保持亲密。

埃米之所以不能同时亲近姐姐和哥哥，是因为她从父母那里学到了一个道理：一次只能和一个人结盟。

可悲的是，许多自恋型家庭里的成年子女和兄弟姐妹之间，要么不亲近，要么毫无关系。有人只在婚丧嫁娶或其他具有里程碑意义的活动里才和他们相聚。有人说自己遭受了太多来自兄弟姐妹的背信弃义，所以放弃经营彼此之间的关系，在自己的小家庭里过上了更健康的生活。

独生子女扮演的角色

探讨完兄弟姐妹们在自恋型家庭中所扮演的各种角色，我们还必须考虑独生子女所扮演的角色。独生子女会如何应对自恋型父母的混乱性和投射出的负面情绪？帮凶、掌上明珠、替罪羊和流放儿童这四类角色是否适用于独生子女？

根据自恋型父母当下的状况，独生子女可能会被当作掌上明珠、替罪羊或流放儿童，因此我们无法预测独生子女会扮演的角色。父母可能会把理想中的自己投射到独生子女身上，让他们成为掌上明珠。或者，当父母投射出自我厌恶的时候，孩子就成为替罪羊。如果父母对自己的独生子女不闻不问，独生子女就会成为流放儿童。为了保护自己，抵御父母的情感虐待，独生子女也可能成为帮凶。

无论独生子女扮演什么角色，他们都无法和别人分享在自恋型家庭中的童年经历。如果你有兄弟姐妹，那么你的哥哥或姐姐可能会佐证你在不正常家庭生活的经历。但作为独生子女，你就只能靠自己和自恋者对着干了。自恋型父母会对你施压，说你错了、疯了，但你却没有人可以倾诉。大多数独生子女只会在内心深处认为父母是对的，而错的那个人一定是自己。

自恋者的独生子女也表示自己无法融入家庭或其他环境。由于没有可以交流的兄弟姐妹，也没有机会处理与自恋型家庭相关的感受，他们也许会在孤独和被孤立的洪流里挣扎。而有时他们是幸运的——他们能够与祖父母、姑姑或叔叔等特定亲属交流，这些人能够印证独生子女的家庭成长经历。

现年 66 岁的玛塞拉是一位成功的女商人。作为自恋母亲的独生女，她依然在这世上闯出了自己的一片天地。她的治疗重点不仅在于找回自我，还在于处理她自身的孤独和不合群感：

> 我为自己的创业和理财能力感到骄傲，但我没有亲密的朋友或小团体。我感觉自己在任何地方都格格不入。我周围有同事、客户、孩子、孙子和孙女，但没有一个人能称得上我最好的朋友。我想我只是不知道如何去交友罢了。这让我太寂寞了。这种感觉就和我小时候体验到的一样：我有母亲，但只是拥有她的躯壳。她不能做到与我感情同调，也不关心我的行为和感受。一切都以她为中心。我想我从她那儿学会了抛弃脆弱的自我，也学会了不谈论自己以及对我来说重要的事情。

50 岁的赫克托是独生子，他从自恋的父亲和助纣为虐的母亲那里得到的信息五花八门：

> 有时我是家里的明星，而有时我的父亲还是那么爱挑刺。有时候我的父母都很冷漠，甚至不记得我的生活里发生了什么。我不得不意识到，无论我从他们那里得到了什么，那都只是他们对自己的感受或经历的投射，真的与我无关。但这算哪门子亲子关系？他们甚至都不了解我。

无论一个人在自恋型家庭中扮演什么角色，无论他们是兄弟姐妹中的一个还是独生子女，无论有什么问题仍然横亘于成年子女之间，我们都有相应的治疗选择。我们将在第三部分"治愈与解脱"中探讨这些。

大多数自恋型父母的成年子女都会通过心理治疗来处理父母给他们造成的创伤。他们在五步康复法（具体内容在第三部分）下了很大功夫，而其中的很多人发现，在处理了与父母相关的问题之后，自己和兄弟姐妹之间的问题也得到了缓解。通过了解自恋型家庭系统的动态变化，我们打开了一扇新大门。这是一扇令人大开眼界的终极治愈之门——人们或许还会在这里学到如何与兄弟姐妹更好地相处呢。

接下来……

本书的第一部分告一段落。现在，你已经了解到了自恋型家庭系统的动态——它的规则，它的种种角色以及它那畸形的沟通方式。现在我们即将进入第二部分，聊一聊在自恋型家庭中成长对你的身心健康有何影响。

本书的架构和我为来访者提供的疗程是类似的。首先，我们必须一同探究你的家庭史，了解你是从哪里来的；其次，我们会具体研究这段历史是如何影响你的身心健康的；最终，我们将一同开启你的疗愈之旅。

在继续之前，我诚邀你回答下面的问卷。它能帮助你厘清你可能正在处理的一些问题。

你是一个由自恋型父母养育出的成年子女吗？

1. 当你与父母讨论你的生活问题时，他们是否会把话题转移到自己身上?

2. 当你与父母讨论自己的感受时,他们是否会试图用自己的感受来取代你的?

3. 你的父母是否表现出对你的嫉妒?

4. 你的父母是否对你的感受缺乏同理心?

5. 你的父母是否只支持你做那些能反映出他们是"好父母"的事情?

6. 你是否一直感到与父母在情感上缺乏亲近感?

7. 你是否经常怀疑父母不喜欢你或不爱你?

8. 你的父母是否只在别人能看到的地方照顾你?

9. 当你的生活中发生一些事情(意外、疾病、离婚)时,你的父母是否会只考虑这件事对他们的影响,而不是照顾你的感受?

10. 你的父母是否过分在意别人(邻居、朋友、家人、同事)的看法?

11. 你的父母是否否认自己的感受?

12. 你的父母是否将责任归咎于你或他人,而不是对自己的感受或行为负责?

13. 你的父母是否很容易受到伤害,然后长期怀恨在心,而不解决问题?

14. 你会觉得自己是父母的奴隶吗?

15. 你觉得自己对父母的精神或身体疾病负有责任吗?

16. 作为子女,你是否必须照顾父母的精神或身体需求?

17. 你是否觉得父母不接纳你?

18. 你是否觉得父母对你很挑剔?

19. 在父母面前，你是否感到无助？

20. 你是否经常遭受父母的羞辱？

21. 你是否觉得父母不了解真实的你？

22. 你的父母是否表现得好像全世界都应该围着他们转？

23. 你是否觉得很难与父母分开？

24. 在你看来，父母是否很虚伪？

25. 父母是否想控制你的选择？

26. 你的父母是否经历过从自负到情绪低落的过程？

27. 作为子女，你是否觉得自己必须照顾父母的情感需求？

28. 在父母面前，你是否有被操纵的感觉？

29. 你是否觉得父母看重的是你的工作而不是你的为人？

30. 你的父母是否有控制欲？是否表现得像受害者或殉道者？

31. 你的父母是否让你的行为与你的真实感受不同？

32. 你的父母是否会与你竞争？

33. 你的父母是否总是要按他们的方式做事？

所有这些问题都与自恋特质相关。"是"的答案越多，你的父母就越有可能具有自恋特质。这些特质会给童年和成年后的你造成阻碍。

我们不必被自己的过往所定义，也可以克服这畸形混乱的爱遗留下的功能障碍问题。你可能会感到力不从心，担心这一切都太难解决，但治愈自己是一件值得付出艰辛努力的事。我将陪伴你走向通往自由、自爱和自我接纳的旅程。

让我们继续吧。

第二部分

自恋型养育的影响

有些伤口从不显露在身体上,
却比任何流血的伤口更深、更伤人。

——劳雷尔·K.汉密尔顿

在自恋型父母的孩子开启有意义的康复之前,他们必须完全理解并接受自恋型家庭的成长经历是如何影响他们的心理和情感发展的。在本书的这一部分,我将带你了解一个由自恋者领导的家庭是怎样影响成长中的你的。

人们常常将炫耀自我、傲慢和以自我为中心的人误认作自恋型人格障碍患者。虽然这些都是令人讨厌和不悦的特质,但自恋是一种更深层次、更具破坏性的人格障碍,会对自恋者身边最亲近的人造成毁灭性的影响。作为一种难以治疗的人格障碍,许多专家声称自恋是无法被治愈的。这种人格障碍的两大基础特质是无法共情和无法与他人的情感世界同调。

以下是一份自恋型父母对孩子的影响清单。我们将在第二部分探讨这些心理和情感影响。在阅读这份清单之前,请记住,这些都是各个年龄段的自恋者子女描述的常见影响,可能和你的经历并没有直接关系。不必有太大压力,只需要慢慢消化这份清单即可。请记住,我们的康复之旅即将开始,只要心存希望,就能迎来光明。

自恋型父母的养育会产生什么影响?
◆ 孩子的情感发育会延迟。
◆ 孩子没有感受到被关注。
◆ 孩子的感受和孩子眼中的现实得不到承认。

◆ 孩子更像是父母的附属品，而不是作为一个人存在。

◆ 比起作为一个人而被重视，孩子们更可能因为他们所做的事情（通常是为父母做的）受到重视。

◆ 孩子无法学会辨别和信任自己的感受，长大后对自己产生怀疑。

◆ 孩子被灌输外在比内在更重要的观念。

◆ 孩子被灌输形象比真实更重要的观念，害怕面对真实。

◆ 孩子被教导保守秘密，以保护父母和家庭。

◆ 孩子不被鼓励发展自我意识。

◆ 孩子会感到情感空虚和缺乏关爱。

◆ 孩子学会了不信任他人。

◆ 孩子会感到被利用和被操纵。

◆ 孩子需要支持父母，而不是相反的情况。

◆ 孩子会感到被批评、评判，而不是被接纳和被爱护。

◆ 孩子在寻求爱、认可和关注的过程中会变得越来越沮丧，却无济于事。

◆ 孩子长大后会觉得自己"不够好"。

◆ 孩子没有一个善于经营健康情感关系的好榜样。

◆ 孩子学不会建立适当的人际关系界限。

◆ 孩子学不会好好照料自己，反而有可能变得和他人互相依赖（只照顾他人而不照顾自己）。

◆ 随着年龄的增长，孩子很难脱离父母的影响，实现自我的个性化。

◆ 孩子会被教导从外部寻找证据和支持，而不是自我验证。

♦ 孩子会得到一类混乱而疯狂的信息："因为你是我的延伸,所以你要努力让我骄傲;但你也不要做得太好,以免超越我。"

♦ 比父母出色的孩子可能会遭到父母的嫉妒。

♦ 孩子学不会在正确的时刻自我肯定。

♦ 孩子在成年后会患上某种程度的创伤后应激障碍、抑郁症或焦虑症。

♦ 长大后,孩子会认为自己不值得被爱:"如果我的父母都不爱我,还有谁会爱我?"

♦ 自恋的父母经常会羞辱孩子,给孩子带来耻感。孩子长大后会变得自卑。

♦ 孩子往往会成为一个高成就者或自我毁灭者,或者二者兼而有之。

♦ 孩子需要从创伤中恢复,并在成年后重新养育自己。

对那些由自恋型父母抚养,在所谓自恋型家庭中成长的孩子来说,他们在心理和情感层面都会遭受虐待。这种虐待会削弱孩子的能力,给孩子带来长期的不良影响。对自恋父母的成年子女来说,不同的生活方式会演变出不同的个人经历,但他们的内心深处都经历着相同的挣扎。

让我们在第二部分进一步讨论这些不良影响。

第五章

被延缓的情感发育

> 我不明白我为什么会有这种空虚感。我热爱自己的工作和家庭……但心里好像少了点东西,也描述不出那具体是什么。虽然我的年龄在增长,人生也在向前,但内心却一直空落落的。我很难解释清楚这种感觉。我感觉我心里好像有个空洞似的!
>
> ——卡丽,39 岁

从婴儿期开始,我们的身体、心理和情感方面就在不断地成长。只有持续发展自己的社交、认知和情感技能,我们才能成为健康而完整的成年人。如果你成长在一个自恋型家庭——一个从来没有人教过你如何理解情绪和处理情感的地方,那么,在其他部分得以发展的同时,你的情感则面临着发育受阻或发展迟缓的问题。

请想象我们每个人的内心都有一个情感容器。在我们经历每个成长阶段——婴儿期、学步期、小学、初中和高中时期,甚至到 20

岁出头的时候，父母的职责就是把适宜的情感注入这个容器中。如果你是由一个不理解、不善于处理感情，或者不知道如何共情的自恋者养大的，那么你很可能会缺失情感的滋养。就像卡丽所说的那样，你会发现自己在其他方面有所成长，但唯独缺少了一些至关重要的东西。一个孩子可能衣食无忧、学业顺利，长大后事业有成，但如果没有得到情感上的支持，他们的内核就往往是空虚的。

旁观者很难理解缺乏同理心的父母，觉得父母怎么会对自己的孩子没有感情呢？自恋型父母无法与孩子建立情感联系的根源在于他们无法识别和管理自己的感受。相反，他们会把自己的负面情绪投射到孩子身上。

可悲的是，许多自恋者的子女尝试用自己宝贵的情感能量来填补父母的情感容器，这当然与健康的养育方式南辕北辙。因此，在成年早期，健康家庭的孩子会觉得内心被滋养、情感被满足；而自恋型家庭的孩子则会有种情感上的空虚感。孩子们往往无法理解这种空虚感，他们可能会用依赖他人或与他人相互依存的方式来填补它。他们可能会过分依赖和照顾他人，而这种依赖或依存关系会导致不健康、令人不满的人际联结。有些自恋型家庭的成年子女会变得独来独往、与世隔绝，和他人断了联系。

要了解自恋型家庭的孩子可能出现的情感发育迟缓，我们就必须明白识别、表达和管理自己的情感意味着什么。健康的养育方式能支持这一重要发育指标的达成，而自恋型父母却无法做到这一点。

识别、表达和管理感受

父母的职责是帮助处于每个成长阶段的孩子识别、正确表达并妥善处理自身的感受。

例如，一个4岁的孩子可能会因为哥哥抢走了自己的玩具而生气，于是推搡或殴打对方。在学会如何处理情绪之前，孩子们通常会先把情绪表现出来。一名健康的养育者可能会先问问孩子怎么了，或他们的感受是什么。如果孩子不确定自己的感受，这名养育者可以说"你看起来好像在生哥哥的气"，并问问孩子发生了什么事。当孩子说出"他抢走了我的玩具"时，养育者会承认孩子的感受并帮助孩子以平静的方式倾诉愤怒。健康的父母会与孩子产生共鸣，允许孩子产生感觉并表达出来。之后，这名养育者的职责就是利用这个时机教育孩子如何在不发泄情绪的情况下讨论感受。养育者可能会这样说："有生气的感觉没关系，我能理解你生气的原因。但是我们必须谈论自己的感受，而不是打人或者推人。"而对自恋型父母来说，感受并不重要。孩子可能会因为这种行为受到惩罚或羞辱，却得不到关于如何表达或管理自己的感受的相关教育。埃琳娜的故事就反映了这类情感教育的缺失。

6岁时，埃琳娜和自恋的母亲去邻居家做客。埃琳娜对旁边桌子上一个好看的花瓶很着迷。她想去摸一摸，母亲却生气地告诉她要安静地坐下，别碰任何东西。埃琳娜很生气，但还是服从了。在开车回家的路上，埃琳娜的母亲一直对她大吼大叫——这名母亲羞辱和嘲弄自己的女儿，还告诉女儿她是个很坏的小女孩。如今埃琳娜已经 27 岁。她说，多年前的那件事让她深受震撼。她学会了害怕母亲的愤怒，压抑自己的感情。

上述场景本可以成为一个教育的契机。在上述情况中，埃琳娜的母亲本可以接纳女儿的好奇心，肯定一个孩子对漂亮事物的正常兴趣。同时她也可以平静地告诉女儿，为什么在别人家里不先询问就触摸东西是不礼貌的。健康的父母可能会这样说："是的，那个花瓶看着很漂亮，手感很不错。我也想把它拿在手中，摸摸它那光滑的釉面。但这里是别人的家，所以我们得事先征求别人的同意。让我们练习一下如何礼貌地提出请求吧。"

面对孩子的正常情绪，自恋型养育者会给予不恰当的、以自我为中心的反馈。这会阻碍孩子学习用健康的方式处理这些情绪。举个例子，14 岁的安迪想和朋友们一起去玩，但由于天色已晚，父母没有答应他。安迪开始发难：他跑回自己的房间，摔打房门，大喊大叫着说父母对他不公平。他的自恋父亲无法容忍儿子任何的挑衅行为，指责儿子是个"小流氓"，需要被好好教训下。安迪因为"顶嘴"这一罪名被禁足一个月。

反观健康的养育者呢，他们会跟随安迪来到他的房间，让安迪谈谈自己的感受，也理解他因当晚不能和朋友们一起玩而感到生气和难过。安迪的父亲是个典型的自恋者。他采用了羞辱和惩罚的方式来教育孩子，不赋予孩子发言权，也不教他正确表达自己的感受。而健康型养育者会鼓励孩子讨论自己的感受，并共情这些感受。

孩子的感受和行为对自恋者来说是一种负担，是他们不想处理的事情。面对孩子的麻烦事，他们的态度是："我不在乎你的感受——按我说的做就对了！"

41岁的梅利莎向我讲述了自己青少年时期与抑郁症做斗争的经历。她有个自恋的父亲和助纣为虐的母亲,所以无法向其中任何一人倾诉自己的感受。她有自己的日记本,她在日记中写下的都是绝望的、有关自杀和不想再活下去的想法。终于,绝望的梅利莎把自己写的东西告诉了母亲,希望母亲能给她帮助。然而母亲却把这件事告诉了自己的丈夫。梅利莎的父亲大发雷霆。梅利莎称:

我早该知道他会有什么反应。我妈妈通常会试着控制他极差的脾气,但当时他已经成了脱缰的野马。他不停地对我大吼大叫,说我自私、被宠坏了、不懂感恩,还说我的喜怒无常只是为了引起别人的注意。他说我日记中那些关于我自己的糟糕言论给整个家带来了麻烦。他不停地对我大喊大叫,最后抛下一番话:"你到底是怎么了?我们为你做了这么多,你还不满意吗?我们应该把你这个神经病找个地方关起来!"

日记事件后,梅利莎陷入了更深的绝望。虽然没有试图结束自己的生命,但她在孤独和难过中度过了余下的高中生活。这也难怪当梅利莎这样的孩子在处于困境时,他们不会向自恋的父母求助,而是将自己的感受藏在心里了。大多数健康的父母都会震惊于梅利莎所经历的一切。他们会立即试着和女儿聊聊她的悲伤和绝望,与此同时,他们也会想一想自己能做点什么来为女儿寻求专业帮助。

孩子们每天都会产生各种各样的感受,而这些感受往往需要得到父母的肯定。如果得不到肯定的话,孩子就无法学会相信自己的感受。长大后,他们会怀疑自己是否有感到生气、悲伤、沮丧和害怕的权利。他们可能会被持续的自我怀疑所困扰，而他们的自我怀疑围绕着以下问题展开："我有权利这样想吗？""我的感受过分吗？""我是不是太敏感了？""我是否在胡思乱想？"

现年37岁的珊妮在严厉而自恋的父亲身边长大。父亲批评她"太敏感了"。如今的她无法表达自己的感受，这影响了她与丈夫的关系：

> 当我和丈夫发生争吵，或对某件事感到难过时，我往往会将情绪压在体内，因为我害怕他对我的感受表示不赞同。很多时候我甚至不知道自己的感觉到底是什么，或者我为什么会有这种感觉。又或者，我会担心这些问题："我真的应该有这种感觉吗？我是不是不对劲？"以前，爸爸总是对我大喊，说我太敏感了，不能"振作起来"。虽然我确实很敏感，但我不想再隐藏自己的感受了。我希望自己能更开放一些，尤其是和丈夫相处的时候。

没人告诉过珊妮，人们的七情六欲是正常的，且人们也需要识别、讨论和管理自身的感受。她必须学着在成年人的交往中习得这个技能。许多自恋者的成年子女都说，他们被父母贴上了"太敏感"的标签。我们可以看到，因为自恋者不会处理自己的感情，所以他们会认为任何有感情的人都"太敏感了"。

与珊妮一样，现年62岁的达尼沙也在自恋型家庭中懂得了一点，即暴露自己的情感会带来危险，因此她开始隐藏自己的情绪。青年时期的她做出了一个有趣的决定。童年时，达尼沙因为害怕触怒父亲而隐瞒了自己的所有情感，因此她长大后选择了一份能够让她表达情感的职业。

> 每当童年的我表现出悲伤或恐惧的时候，我的爸爸就会用愤怒刻薄的言语对我横加指责。比如，当我不想坐过山车时，他会说："你怎么是个胆小鬼啊？"当我因为狗狗去世而哭个不停时，他会说："你怎么会在乎一只该死的杂种狗？"因此，我尽力压抑着自己的感情，一直在麻木中生活。当时我不知道自己为什么会这样，也并没有把它和父亲对待我的方式联系起来，而是如行尸走肉一般过活。高中毕业后，我决定进入演艺圈。哪怕是装出来的感情，我也想把它们表达出来。我只想让自己能有所感受！

达尼沙在自恋父母的阴影下成长，而这样的经历对她识别、表达和管理自己的情感造成了负面影响。这是自恋型家庭的悲哀注解。幸运的是，她的演员生涯促使她通过寻求专业人员的指导来治愈自己。现在的她正在学习如何真实地拥有和表达自己的情感。

只能关注父母的，而不是你自己的感受

正如我们之前所讨论的，在自恋型家庭中，父母的需求优先于孩子的需求。这种动态模式当然与健康家庭截然相反。在自恋型家庭中，孩子被期望在情感上照顾父母，并持续关注父母的感受。即

使自恋者的子女不被父母理解,他们还是得反过来共情对方,缓解对方的不安全感或脆弱感。但是,在照顾父母的情感方面,孩子的作用微乎其微。这不仅仅是因为父母搞错了角色,还因为孩子本身就没受过相应的教育。因此,父母病态的期待只会让孩子认为自己"永远不够好"。

加芙列拉如今54岁。她从童年起就负责照顾自恋母亲的情感需求。她太过习惯于承担这个角色,从未质疑过它的合理性:

> 我觉得自己有责任安抚母亲的痛苦和悲伤。放学回家的我会发现妈妈很沮丧地躺在沙发上。她会发泄自己的负面情绪,说她的生活出了什么岔子,说她曾经有多么伟大的梦想,却事与愿违。当然了,她从来不问我的感受,也不知道我身上发生了什么。尽管如此,我还是会试着让她开心起来,问我能帮她做些什么。但我永远无法让她快乐。即使长大成人,这种压力还是伴随着我。我想让她对所有事情都感到好受些。直到最近,我才意识到自己的感受和需要。因为妈妈总是太专注于她自己了,因此我从未向她索取过什么。

加芙列拉当时过于关注母亲的情绪,也极度缺乏来自父母的认可和关注,以致她从小就埋葬了自己的感受。可悲的是,直到步入中年,她才意识到自己试图照顾父母的努力阻碍了她的个人情感发展。

32岁的安德鲁告诉我,他成长在一个父母都是自恋狂的家庭,一切都以他们为中心。他的父母教育子女要"开心",但他们自己其实并不开心。他的父母一直不满足于现状，这也是全家人多次搬家的原因。安德鲁解释说：

> 我们经常搬家，这样我的父母就可以开启新的冒险了。家里的四个孩子，包括我在内，必须不断适应新的学校、房子、邻居和朋友。我觉得他们从未意识到这带给我们的困难。不过我们能做什么呢？还不是只能忍气吞声。我上过十三所学校，但我不得不承认自己其实没学到多少东西。因为我花了所有的精力去调整自身来适应新环境。如果我抱怨这种情况，他们就会说我自私，还教训我说，无论他们要追求什么样的新生活，我都应该为他们感到高兴。但有时我只是需要和人谈谈对所有变化和经历的感受。可是我们的家庭没办法听我讲话，只能容许"开心"这一种情绪存在！

因为儿子"不为他们感到高兴"，所以安德鲁的父母说他是个自私的孩子。这很有意思。看来，父母只想让孩子投射出他们自己的感受——这可不是促进情感发育的最佳配方。至于孩子"需要表现得开心"这种要求，它反映了自恋型家庭的一个普遍特征，即要表现出一种"有毒"的积极态度。如果一切看起来都很好，每个人都表现得很开心，这会让父母自我感觉更佳。父母在内心告诉自己"我们已经完美履行了做父母的义务"，从而减轻内心对糟糕现状的恐惧感。这种假面秀的有毒之处在于，当自恋型家庭的孩子被迫在不开心的时候表现出开心时，他们就会觉得很假；如果他们像安德鲁那样把不开心表达出来，就会付出代价。

扳机效应

由于没有合适的榜样来示范如何处理自己的感受，加之缺乏康复训练或他人的理解，在自恋型家庭中长大的成年子女可能会发现自己对特定的情况反应过度，如感到心存戒心、困惑或不知所措，以及可能不知道自己的感受是什么。我们称这些和他人的特定互动为触发因子（triggers），这些因子会让成年子女想起自己在童年有心无力的状况。

让我们来看看扳机效应的一些例子吧。

45岁的比阿特丽斯说自己没有学会怎样合理地处理父母的行为带来的情绪。在接受治疗之前，当她和朋友或其他人的互动让自己感到困惑或沮丧时，她就会进行自我批评。这种情况之所以发生，是因为这类互动触发了她儿时的经历：小时候，面对自恋父亲咄咄逼人的反应，她总是把责任揽到自己身上：

> 每当我与朋友或家人发生分歧时，我就会认为错的是自己，并把所有的责任都揽到自己身上。在开始治疗前，我真的不知道当朋友或男朋友对我生气时，我应该是什么感觉。所以我怀疑自己，从不为自己辩护。虽然我知道出错的不可能永远是我，但我永远都是那个不断道歉的人。

42岁的迈克尔告诉我，他太容易被别人说服了。经过讨论，我

们发现这类行为可以追溯到他的过往经历。以前,迈克尔的自恋父亲要求儿子唯命是从:

> 大多数时候,我并不知道自己在想什么或者感觉到了什么。所以和我交谈的人很容易就能左右我的观点,操控我去同意他们所说的一切。没有人敢在我那个专制的家庭体系里拥有自己的看法。

当28岁的安娜感到被抛弃时,她内心的扳机就会被触发。安娜在治疗中明白,这种恐惧源于她身为一个自恋母亲的孩子的感受:

> 我有个关系很好的朋友。她有两个孩子,而我一个孩子也没有。我们经常通电话,有空就出去玩。从理论上讲,我知道有两个孩子的妈妈不可能永远都有时间陪朋友。但是当她说没时间聊天的时候,我觉得自己的反应大得离谱,愤怒点也很不合逻辑。在接受治疗并了解到这一点之前,我还会有一些非常糟糕的行为。当我需要朋友,而对方无法露面时,我真的会把台面上的东西猛地扫到地上。虽然我只是私下这么做,但我知道自己的行为很疯狂。我只是还不懂得如何正确处理自己的情绪。我丈夫会不可思议地摇头,而我觉得自己像个傻瓜。我在感情方面幼稚得像个孩子。

安娜的朋友触发了她童年时被遗弃的感受。她在治疗中了解到,为了更理性地对待这些触发因子,她必须努力消除自恋母亲带给她的创伤。

48岁的乔丹正在一段感情中苦苦挣扎。因为正如我们在他的治疗中所探讨的那样，他的伴侣有时会让他想起自恋的母亲。他没有意识到自己的情绪被触发了，也还没有学会如何管理这些情绪。这引发了他的防御机制：

> 当我的伴侣试图告诉我，他对我很不满时，我就会立即开始责怪他。我翻着白眼，装出一副居高临下的样子，把责任推给他。我知道这是错的，但我真的不明白自己是怎么了。我只是在心烦意乱中不自觉地这么做了。

55岁的西蒙娜从小就感到孤独。她是独生女，而她的父母都是自恋狂，对她关注不多。小西蒙娜的核心感受就是孤独和悲伤，但她从未学会如何应对这些感受。当朋友或同事未能满足她的期望时，成年西蒙娜的扳机就会被触发：

> 无论是在人际关系还是在工作中，如果有人拒绝我，我就会变成一个伤心到想哭的小姑娘，一个得不到玩具的小孩。悲伤席卷了我，仿佛根本没人在意我似的。虽然事实一般并非如此，但我的反应就是那样的。我正在努力解决这个问题。

比阿特丽斯、迈克尔、安娜、乔丹和西蒙娜所描述的行为都是由他们在自恋型家庭中的过往经历所引发的过度反应。在孩提时代，由于父母没能树立榜样，也没人教他们如何理解和管理自身的感受，他们的情感发育被延缓了。幸运的是，这些自恋型父母的成年子女都希望更多地了解自己的过去，盼望自己能够成长，从而对自己的行为和幸福生活负责。

你可能会发觉自己在思考一些情况，在这些情况下，你对同事、朋友或伴侣的行为做出了过激的反应，但你并不完全明白自己为什么会如此行事。如果你能意识到这种行为往往是由自己在自恋型家庭中的经历所引发的，你就不会再为自己的反应感到困惑了。我鼓励你不要绝望，也不要放弃希望。我经常向来访者解释，他们的过度反应是对非正常家庭环境的正常反应。他们是能治愈自己的。

被延缓的情感发育 VS 受阻的情感发育

在本章中，我们讨论了情感发育迟缓的问题。这通常是自恋型父母没有能力教导孩子如何识别、表达和管理自己的情绪，以及未能在情感上滋养孩子并和孩子产生共情而造成的。

需要注意的是，自恋型父母的子女的情感发育迟缓与我们所说的情感发育受阻存在明显的区别。后者只出现在患有严重自恋型人格障碍的人身上。自恋型人格障碍患者的情感发育停滞在早期阶段，即使长大成人，他们在情感方面仍像个孩子。在这种情况下，治疗会变得棘手。

由自恋者抚养长大并不意味着你自己也会成为自恋者，也不意味着你的情感发育会受阻。

正如我们将在本书第三部分了解到的，我们可以解决情感发育迟缓的问题，也可以通过自我疗愈来培养出真情实感，发展出真正的自我。

接下来……

现在，让我们继续讨论自恋型养育的另一影响，即信任力的受损。

第六章

被破坏的信任力

在成长过程中，我从未真正觉得自己能从父母那里获得所谓的情感支持。无论别人遇到什么事，他们的父母都会待在他们身边。我从未体验过这样的感觉。我不相信他们会倾听我对任何事情的真实感受。很不幸，成年后的我仍然无法向最亲近的人敞开心扉。即使是面对朋友和女朋友，我也无法袒露最脆弱的一面。这妨碍了我与人建立真正的亲密关系。

——布赖恩，32岁

由于无法信任自己成年后的人际关系，布赖恩也无法体验亲密的情感关系或允许自己处于脆弱状态。这可以追溯到他的原生家庭。自恋型家庭中的孩子很早就知道，自己不能依赖自恋型父母，也不能期望父母的态度始终如一。在本章中，我们将探讨自恋型父母是如何破坏孩子建立信任的能力的。

什么是信任？

人在生命的最初几个月就学会了信任。健康型家庭的婴儿会认知到一点，即在自己哭泣的时候，父母会安抚和照顾自己。每位心理学家都非常清楚早期亲子依恋关系的重要性以及它对个人心理和情感发展的影响。而其中最关键的一种影响就是培养孩子信任他人的能力。新生儿在出生时完全依赖照顾者，这也是信任关系的开端。这种信任关系应该贯穿孩子的一生，让他们感到安全，在身体和情感上不孤单。

知名心理学家埃里克·埃里克森在他的许多著作中都谈到了信任的重要性。在他的社会心理发展阶段理论中，他解释了为什么婴儿相信照顾者能够充分满足自身需求这一点对孩子的发展至关重要。有一篇文章总结了埃里克森关于发展信任的重要性的观点：

> 埃里克森社会心理发展理论的第一阶段是指从出生到1岁之间，这也是人生最基本的阶段。婴儿的依赖性很强，因此信任感的培养要以看护人的可靠性和看护质量为基础。
>
> 在这一发育阶段，孩子生存所需的一切，包括食物、爱、温暖、安全和养育，完全依赖于成年照顾者的给予。如果照顾者不能提供足够的照料和爱，孩子就会觉得他们不能信任或依赖生活中的成年人。

亚伯拉罕·马斯洛的需要层次论是另一个经常被引用的心理学

理论。它强调了信任的重要性和必要性。马斯洛提出了人类需要的五个层次模型。模型以金字塔的形式展现，从基本需要到心理需要，再到自我实现需要，层层递进。这五层需要分别是：生理需要、安全需要、社交（归属与爱）需要、自尊需要和自我实现需要。个人必须先满足基本需要，才能满足金字塔结构中更高层次的需要。安全（包括信任）位于金字塔的第二层，是基本需要的一种。

作为一个执业多年的家庭治疗师，我在许多来自功能失调家庭的来访者身上看到了缺乏信任感的表现。我通常会对他们进行个人社会史调查，并试着确定他们缺乏信任感的原因。来访者经常会有过度警觉和焦虑方面的问题，却不知道原因何在。如果我追溯到来访者是因为自恋型养育而感到不安全的，我们就可以着手解决问题本身并制订康复计划了。让我们进一步了解信任的重要性以及它与成年人的行为和人际网的关联之处。

《韦氏大词典》将信任定义为"确信能依赖某人或某事的品格、能力、力量和真实性的信心"。就父母与子女的关系而言，子女要确信父母的品格、能力、力量和真实性，才能感到安全。他们需要知道，无论发生什么，父母都会陪伴在他们身边。

当孩子在自恋型家庭中长大时，他们的安全感充其量只是摇摇欲坠的。自恋型父母对孩子的反应是不可预测的，也是不一致的，这会让孩子感到脆弱和不安。因此，孩子无法相信别人会始终如一地看到他们、听见他们、关心他们，而这种不信任的核心是很难被修复的。我在网上看到的一段匿名留言写得很好："破坏别人的信任就像揉皱一张平整的纸。你可以把它抚平，但它再也无法恢复如初。"

当孩子与自恋型父母之间的信任随着时间的推移而减弱时，我们很难确定这种情况是如何以及何时发生的，因为这很可能是种种事件积累的结果。孩子不理解父母为何不能或不愿关注他们的需求，哪怕他们想到了这背后的原因，他们建立信任感的能力也会受到严重挫伤。如果孩子不能依靠养育者得到自身所需的关切和满足需求，他们又怎么能信任这位养育者，抑或是一生中遇到的其他人呢？

有时，当婴儿出生在一个自恋型家庭中时，他满足了他们自恋父母的需要。柔软可爱的婴儿总是需要别人抱一抱、逗一逗，这可能满足了自恋者希望别人全方位地喜爱和依赖自己的需求。我观察到，这类亲子之间的依恋关系只存在于婴儿时期。当孩子过度哭闹，变成烫手山芋时，自恋型养育者就开始退避三舍；而当孩子开始形成个性，发起挑衅，部分脱离了养育者的控制时，养育者就会停止自己的关注和安慰行为，转而对孩子抱有一种隐忍、抱怨和恼怒的态度，这时的孩子已经变成了他们的负担。不幸的是，在这种情况下，孩子不得不放弃自己最开始建立的信任。我们可以想象这对年幼的孩子来说是多么令其困惑的一件事。

心理治疗师斯蒂芬妮·唐纳森·普雷斯曼和罗伯特·普雷斯曼在关于自恋的书中引用了一位来访者的描述。来访者无法依靠自恋的母亲来获得情感支持，觉得抓住短暂被爱的感觉就像"试图抓住烟雾"一般。当女儿表达痛苦时，母亲会说几句好话，表现出一副好母亲的样子；当女儿不再说话时，母亲就会立即将话题转移到自己身上。显然，这位母亲永远无法真正理解女儿的感受和处境。当事人已经习惯了母亲只顾自己的态度。她说："我崇拜我的妈妈，知道她爱我，但这就像试图抓住烟雾一样——它看得见，但摸不着。

我现在仍有这种感觉。"

孩子们缺乏令人安心的情感保障

对成长在自恋型家庭中的孩子来说，他们无法在情感方面获得安稳的保障。这意味着，他们将永远怀疑父母是否会安慰、支持和爱护他们。当自恋型父母不能始终如一地提供孩子所依赖的爱的保证时，孩子就会陷入困惑和焦虑。在某些日子里，父母似乎陪伴着他们，而其他日子则不然——这让孩子们的内心情不自禁地产生了不安和恐惧。如果孩子生长在这样的生活环境中，那么他们对养育者的信任就会遭到严重削弱。

37岁的萨莎告诉我，当她还是一个怕黑的小姑娘时，她自恋的母亲曾表现得前后不一：

> 五六岁的时候，我记得自己只想让妈妈搂着我，告诉我一切都会好起来。我那时候怕黑，希望她能在晚上陪我入睡。但我总是很紧张，不敢去喊她或去找她。因为我从来不知道她对此会有什么反应。一切都取决于她当时的心情。有时我走进她的房间，她会抱着我，告诉我一切都会好起来，有时她又会说我像个孩子，让我赶紧回去睡觉。

母亲的失信行为贯穿了萨莎的童年生活。她常提到母亲忘记在足球训练课、上下学、乐队课、生日派对和其他活动后接送她的事。

她告诉我:

> 我记得自己有好多次坐在学校的台阶上一边等一边想:这次她到底会不会来接我呢?这种情况让我感到既恐惧又尴尬。有时老师不得不把我送回家。

这类情况发生得越多,萨莎无法信任他人的信念就越根深蒂固,她不再期望自己能得到安置和照料。

自恋者的不可预测性往往表现如下:前一分钟他们还很讨人喜欢,后一分钟就变得怒火中烧。这种情绪波动往往取决于他们的个人需求是否得到满足。当然,孩子几乎无法控制自恋型父母的情绪波动,这加剧了他们对父母的不信任感。

41 岁的安东尼谈到,他那自恋的父亲无法遏制自己的愤怒,这剥夺了他的安全感:

> 我爸爸可以表现得魅力十足。事实上,我的朋友们告诉我,他们都喜欢我爸爸独特的幽默感和逗他们玩的模样。但如果我的朋友们不在身边,而爸爸又遇到不顺心的事时,情况就不一样了。他会怒不可遏,而我永远不知道他会干些什么。他会追着我满屋子跑,把我摔到墙上,试图打我的母亲或姐姐,或只是大吼着扔东西。这些对小时候的我来说尤为可怖。最糟糕的是,我们从不知道爸爸什么时候会给我们当头一棒。

父母反复无常的虐待行为使孩子时刻保持高度警戒,不断在焦虑和恐惧中挣扎。我们可以想见这对孩子的影响，以及它造成的持续的不自在和恐惧感。想想看，即使作为成年人，我们也需要确认周边的情感保障，确认自己的伴侣、朋友和家人还在支持我们。只有这样做，我们才能获得安全感和舒适感。

我无法信赖他人

关于信任这一点，自恋者子女接收到的信息如下：我不能依靠别人，包括最亲近的人，所以我必须自己把事情办妥。对几乎事事依赖父母的孩子来说，他们该如何承受这令人抓狂的信息带来的负担呢？

正如我们已讨论过的，谎言和不坦诚是自恋型家庭的核心特征。它严重破坏了孩子们对于现实的感知。对自恋者的孩子来说，童年时所遭遇的抛弃、背叛和控制给他们带来的恐惧在他们心中留下了道道伤疤。换句话说，他们信任别人的能力受损了。因此，这些孩子学到了一点，即他们必须自力更生——尽管在缺乏滋养和支持的养育系统中长大的他们无法发展出自我。

43岁的克里斯蒂就是个典型案例。童年的她不能依靠父母照顾自己——父母甚至不能满足克里斯蒂的基本生活需求。因此，她从小到大都觉得要靠自己去处理所有事情。当克里斯蒂还是个孩子时，父母总是一大早就离开，他们说自己要去商店或去田里，很快就会回来陪她，喂她吃午饭。她甚至记得父母这样说："在我们回来之前，你的肚子都不会饿的。"他们自恋地认为克里斯蒂的需求没有他们自己的重要，这导致了女儿无法相信他们所说的话。克里斯蒂伤心地回忆起了下面这段反复发生的事情：

> 我和家人一起住在农场。父母很忙，但有时我需要食物、关心和纯粹的爱意。不工作的时候，他们就会和朋友一起打扑克或喝酒。在我很小的时候——那时我大概不到7岁吧——我只能自谋生路。我甚至都找不到我爸妈。那时的我自己想了一个计划。现在想来，这个计划并不周全。我的奶奶住在路的另一头，而我有一匹小马驹。在异常孤独和饥饿的时候，我就会去牧场找我的马，我会跳上它光溜溜的后背，骑着它去奶奶家。我不知道小马驹能否找到路，也找不到爸爸给它套上缰绳，但我和小马驹总能成功到达。我常常想，当时我们是沿着牧场小溪走的，那是多么危险啊。现在我才明白当时的我必须自力更生，因为没有人是值得依赖的。

56岁的乔治也谈到，因为不相信父母会陪在自己身边，所以他倾向于独自处理一切。这种自力更生的信念一直延续到他成年。乔治还记得自己在父母通常力所能及的领域——做作业、购买学习用品和校服等方面——需要他们的帮助。"如果你需要什么，尽管开口。"他的父母会这样对他说。但他的父母其实很少甚至从来没有在关键时刻帮过他的忙。和克里斯蒂的父母一样，乔治的父母在承诺会陪伴孩子时也没有说真话。他们只自恋地关注自己的需要，而不是孩子的。这导致了乔治的愤怒、悲伤和困惑。乔治最终将"我对他们来说是透明人"这一信息内化了。我不值得他们的关心和爱护。

我必须自食其力。

乔治描述了他对父母缺乏信任的经历以及这是如何导致他成为一个"自力更生"的人的：

> 我从小就不相信自己能在任何事上得到父母的帮助。他们太关注自身和自己的生活了，很少关注我。虽然我现在已经长大成人了，但还是一直在重复那句话："如果你想把事情做成，就自己动手。"我很难开口寻求任何人的帮助，即便对方是我的妻子和孩子。我也不喜欢雇人，所以大多数事情我都自己动手。有时候，我明明应该为自己刚学到的技巧感到开心，但我经营着两家公司，又没有帮手，所以还得马不停蹄地工作。这也让我妻子感到很不舒服，因为她觉得我不相信她能把事情做好。

养育者的人品和情感力量

信任的定义中包含两个重要的概念：品格和力量。这些特征是如何影响我们发展信任他人的能力的？一个人的品格揭示了他们的道德感、是非观、对诚实的重视程度，以及他们的行为和待人接物的方式。在评判一个人的力量时，我指的是个人的情感力量，以及在生活中以善良、同情、公平的态度处理自己和他人事务的能力。力量和品格是信任的支柱。让我们更深入地了解这些特质，认识到它们在信任力中如此重要的原因。

在观察自恋者与他人的互动时，我们会注意到他们的这些核心行为：缺乏同理心，为了满足自己的需求而剥削他人，沾沾自喜地认为自己永远是对的。这些行为导致了他们责任感的缺失和持续的特权感。这样的行为是不良人品的写照，而这样的父母会不可避免地丢掉孩子的信任。

孩子接收到的身教多于言传。因此，当孩子看到父母对别人不好时，他们很可能预判自己也将受到不好的对待。如果他们的父母经常苛待陌生人，孩子们也就无法相信父母会善待和关心自己。如果父母的教养方式是"照我说的做，而不是模仿我的行为"，他们也会失去孩子的信任。此时，父母告知孩子的正确行为与孩子观察到的父母的行为相悖。

42岁的阿里安娜向我讲述了她自恋的母亲对餐厅员工的粗鲁行为。母亲的行为影响了她和兄弟姐妹对母亲人品的看法：

> 和母亲去餐厅吃饭总是让童年的我们感到尴尬。服务员就像她私人王国里的奴仆一样。她颐指气使，刻薄粗鲁，对任何东西都不满意。如果她点了某样菜品，但菜品的味道却让她不满意的话，她就要求服务员上别的菜。但是如果我们稍有抱怨，她就会说我们没礼貌。她要我们安静下来，否则就把我们送上车，不给我们饭吃。这让人非常困惑。

阿里安娜及其兄弟姐妹觉得，如果自己践行很多孩子都在采用的学习方法，即观察母亲的行为并单纯地以母亲为榜样，是无法学会正确的处事方法的。阿里安娜和兄弟姐妹必须在接收到混乱信息时思考怎么做是对的。最后孩子们学会了反其道而行之。阿里安娜目睹了母亲的不靠谱（其表现为粗鲁和不公正地对待别人）并最终意识到自己不应该把母亲当作榜样。和阿里安娜一样，许多自恋者的子女都表示，他们在成长过程中学到的是自己长大后不想变成怎样的人。

50岁的雅各布提到，当自己的父亲"残酷无情地"对待一名员工时，他觉得父亲的人品不再可靠：

> 在长大的过程中，我目睹了爸爸经营一家轮胎店的过程。他有十来个员工，但员工流动性似乎很大。长大后的我也来到了店里工作，来到店里后，我知道了这背后的原因。爸爸把员工当成无关紧要的人，毫无怜悯之心。虽然我明白做老板的身不由己，但当记账员得了癌症时，我仍然对爸爸的反应感到震惊。那时候，爸爸对我说："她怎么敢在我需要她的时候生病？我不能让她请假，不然我的生意会受影响的！"天哪！从那以后，我不得不另寻工作。我不能为一个如此冷酷无情的人工作，即使对方是我的爸爸。

相信某人的情感力量也是组成信任的重要元素。如果我们觉得对方的情感力量不足以处理我们的问题，那么我们中的大多数人就不会把自己的烦恼告诉对方，也不会分享自己的内心感受。我们倾向于与体贴的人分享我们最深刻或最困扰内心的情感。我们知道对方很可靠，可以处理好这份情感。这些人已向我们证明，他们不会因为我们的困难而情绪崩溃，也不会把我们的问题个人化。而另一方面，我们通常不会选择依靠那些我们认为无法处理我们的问题或情绪的人。

从我分享的一些关于自恋者无法管理感受的故事来看，自恋者的情感力量和成熟度是不够的。

约兰达现年33岁。在治疗过程中，她经常谈到自己希望父母能表现得像成年人一样，在她需要的时候提供情感支持。遗憾的是，她自恋的父母并没有展示出足以处理女儿的不快或担忧的力量：

> 我的父母在情感方面幼稚得像孩子。我一直陪在他们身边，帮他们料理各种事情，包括他们那愚蠢的婚姻。但当我自己需要帮助的时候，我只能去找好朋友或我姑姑。在任何情感相关的问题上，我绝不依赖我软弱的父母。即使已经长大成人，我也渴望有一对靠谱的父母能在养育子女、财务管理或购买第一套房子等方面给予我帮助。但我根本没想寄希望于我自己的父母。

轻易相信他人

有些自恋者的子女非常渴望得到信任和爱，因此，他们可能会过快地相信他人并把信任寄托在不靠谱的人身上。这些孩子在功能失调的家庭中没有学会建立健康的人际边界，所以，如果他们轻信的人掉过头来伤害他们，他们就会变得不堪一击。常识和适度的谨慎是信任他人的基础，而过度渴望建立联系的人往往缺乏这些。

在漫长的职业生涯中，我一直在接触遭受虐待和创伤的儿童，也遇到过以下两种孩子信任受挫的案例。一些和我不怎么熟的年轻人会跑到我面前，几乎扑进我的怀里；而另一些人则需要很长时间的磨合才能和我建立起治疗联盟和信任关系。一个可爱的6岁女孩留给我的印象很深。和我见面时，她展现出了既渴望又保守的模样。那时，曾遭受自恋父亲性虐的她正住在寄养家庭。第一次走进我办公室的时候，她大摇大摆，表现得勇敢又自信："你他妈到底想从我这里得到什么？这儿有没有酒？我们开始吧！"她用粗鲁的问候确保自己引起了我的注意，但在很长一段时间之后，她才真正对我和我们的治疗联盟倾注感情。不用多说，她的故事非常悲惨——父母的自恋和虐待严重破坏了她对别人的信任感，也让她偶尔会过度信任别人。

54岁的内莉在自恋母亲身边长大，曾遭受过很长时间的精神创伤。但不幸的是，她相信陌生人会愿意听到她的家事并给予她同情。内莉的边界感不足，习惯向刚认识的人和盘托出自己的成长经历。当然，她从来没有得到过想要的回应。人们难以承受她过度的分享欲，因此立即拒绝了她。在治疗过程中，我不得不努力帮助她抑制倾诉家庭史的欲望，并教她建立自我保护的界限。有趣的是，虽然内莉能轻易向陌生人透露一切，但她花了很长时间才对治疗联盟产生信任感。

向陌生人讲述自己的故事与在治疗中谈论自己的创伤是截然不同的。在治疗过程中，治疗师会让你放慢脚步，帮你体会自己的感受并教你如何处理创伤。要做到这些，来访者需要与治疗师建立深厚的信任关系并学会依赖治疗师的帮助。

关于轻信他人这一话题，我经常听到自恋者的成年子女说他们过早地向约会对象敞开心扉，在还未建立可靠关系时就开始信任对方。他们称自己在初次约会的时候就把人生故事和盘托出了，而潜在的伴侣常常对此感到不知所措，选择不再开启第二次约会。

创伤后应激障碍会导致人产生这种泛滥的情感和一种将自己的故事中所有痛苦的细节倾倒给他人的需求。而他人往往还没有和患者建立信任关系。我们将在第八章"受损的自我价值感和复合性创伤后应激障碍"中讨论与父母自恋相关的创伤后应激障碍问题。

信任问题会如何影响成年后的人际关系

对自恋型家庭的孩子来说，信任问题会影响到他们成年后的人际关系。先抛开我们原生家庭独有的动态模式，我们和家庭成员间的关系往往决定了我们与未来伴侣的依恋关系。有专家认为，在开始自我疗愈前，我们很可能会一直被熟悉的模式所吸引。我确实在咨询室内看到了这一点，且相信事实的确如此。

精神病学家兼脑科学家阿米尔·莱文和心理学家蕾切尔·赫勒在他们的著作《亲密关系与情感依赖》中讨论了成人关系中的三种依恋模式：

焦虑型依恋：经常全神贯注于自己所处的关系，并担心伴侣是否有能力回报自己的爱。

回避型依恋：将亲密关系等同于独立性的缺失，并不断试图将亲密程度降到最低。

安全型依恋：对亲密关系感到自在，通常热情而充满爱心。

自恋型家庭的成年子女往往会发现自己需要在疗程和关系中解决焦虑型和回避型依恋问题。回顾我们目前所学到的知识以及在本章中讨论过的信任受损问题，我们能发现自恋者成年子女的安全型依恋程度较低。不过值得庆幸的是，我们依然可以在康复过程中学着培养成年人关系中的安全型依恋模式。

在谈到过去的恋爱关系时，42岁的伊莎描述了她当时的焦虑型依恋状态：

> 遇到贾迈勒时，我的生活已相当稳定。我的事业顺风顺水，经济状况也越来越好。但奇怪的事情发生了——当意识到自己爱上他时，我就开始全神贯注于他这个人以及我们两个人的关系。当他不在我身边的时候，我就开始魂不守舍，这让我非常痛苦。我会焦灼地等待他打电话或来我这里。我总是想知道他在哪里，在干什么，开始担心他随时会和我分手。我好像无法关心自己的事情。而且，连我的事业都受到了影响。

伊莎来自一个自恋型家庭。她的父亲是个自恋者，母亲则对其百倍纵容。我们探究了她的家庭史以及它是如何导致伊莎无法信任他人的，伊莎这才开始理解她目前在恋爱中体会到的焦虑是和过往经历有关的。伊莎的父亲是个酒鬼和自恋狂，而母亲则不断为父亲本人及其行为辩护。父母给伊莎的反馈很不稳定。有时家里前一秒还一片祥和，后一秒就被混乱、争吵和谩骂所淹没。这令人困惑的动态模式是自恋型家庭的常态："某天你被家人的关爱所触动，而第二天，你被拒绝、羞辱和恐惧再次击垮。"我们可以看出，这样的生活是如何影响伊莎日后的亲密关系以及造成她那缺乏信任和充满焦虑的依恋风格的。

55岁的哈罗德至今仍很难与伴侣建立深厚的联系，这是回避型依恋风格的一个特质：

> 我从未步入婚姻，可能永远都不会。我感觉自己害怕亲密关系。我喜欢认识新人和深入了解对方时的追逐感和兴奋感，但一旦我们变得太亲密，我就会开始退缩。我的生活事实上并不圆满，所以我希望知道怎么做才能解决这一切。

哈罗德从原生家庭中学到，与其相信别人，不如顾好自己。每当他试图依赖别人，而对方辜负了他时，他便会深感沮丧和受伤。回避型依恋是他在童年时期学会的一种防御机制，目的是让自己远离不值得信任的自恋父母。现在他已经长大成人，不需要在自恋的父母面前为自己辩护了，所以这种防御机制只会适得其反。在治疗过程中，他学会了在依赖自己的同时也相信别人。

54岁的珍妮特经历了几段失败的恋爱关系。在这些关系里，她发现自己总是太焦虑，太没有安全感了。珍妮特有个自恋的母亲，她对女儿的外表非常挑剔。和许多自恋型父母一样，或许是担心女儿有缺陷的外表会影响到她作为家长的形象，母亲关注着珍妮特的体重、头发、衣服甚至鼻子。8岁时，珍妮特开始节食，十几岁时，她被带去隆鼻。尽管如此，珍妮特还是无法取悦母亲，也总觉得自己很丑。母亲甚至告诉珍妮特，她永远也不会遇到真爱。不幸的是，和大多数处于类似境况的孩子一样,珍妮特相信了母亲对自己的评价,认为自己不够漂亮、苗条和优秀。珍妮特消极的自我形象明显影响了她日后的人际关系,也导致了她焦虑型的依恋风格:

> 我从不相信自己能对另一半做出正确的选择,也从未相信过我交往的任何人。我本人一团糟。治疗师说我有焦虑型依恋,并和我一起研究了造成这种情况的原因。一切似乎又回到了我与自恋母亲的紧张关系上。我还意识到自己倾向于选择回避型的男人,而这似乎加强了我对他们的焦虑反应。我花了很长时间来消化这一切,还就我与母亲的关系想出了一些解决方案。这些疗程帮助了我,现在我身处一段充满爱和信任的关系中。

通过治疗,珍妮特解决了她的焦虑型依恋问题,找到了合适的约会对象,还处理了她在自恋型家庭中经历的创伤。她试着与新伴侣建立安全型依恋关系,这让她感到非常愉悦。

信任自我的能力

自恋型家庭的养育不仅会削弱我们信任他人的能力,还会削弱我们对自己的信任。我们已经讨论过,当自身的感受不被倾听、接纳和认可时,一个人是如何产生自我怀疑的。我们也讨论了这种空虚感是如何对现实和自我认知造成严重破坏的。在此我强调一点,即信任他人的关键在于学会自我信任。我们越相信自己处理各种状况和感受的能力,就越不会感到恐惧。

与来访者进行治疗工作时，我经常让他们写下"信任"（trust）这个词，并把"u"（指代 you，"你"）这个字母单独提取出来。我们会发现，如果没有"你"的存在，任何信任关系都是无法成立的。

我们需要在学习信任的路上不断前进，整个过程是可控的。我们无法改变那些不值得信任的人，包括自恋的父母。我们将在本书的第三部分"治愈与解脱"中进一步讨论如何学会信任自己。

接下来……

在下一章中，我们将探讨以健康的方式与自恋型父母分离或个体化意味着什么，以及对那些在功能失调的自恋型家庭系统中长大的孩子来说，他们的个体化进程是如何受到阻碍的。

第七章

被抑制的"分离—个体化"过程

我很早就意识到自己必须不断努力才能获得自恋母亲的认可。我必须喜欢她喜欢的东西，参与她热爱的活动，穿她喜欢的衣服，甚至吃她爱吃的东西。我就是不能做回我自己。现在的我是个十足的叛逆者，但是，每当我和家人在一起时，我似乎总是会变回他们希望我成为的样子。如今我已经50岁了，却还是在乎她对我的看法。这让我看不起自己，我想要活出真实的自我。

——玛丽，50岁

小时候的我们依赖父母的照顾，认为父母全知全能。这是正常的现象。但随着年龄的增长和我们对世界认知的增加，我们该开始发展自己的思想、观点、情感、欲望和愿景了。父母应该设定一个健康的引导目标，即鼓励孩子成为独立的个体，也就是发展出独一无二的自我意识。健全的养育者会鼓励这类自我发展。

然而，自恋型家庭拥有不同的规则。正如玛丽所经历的，自恋的父母会把孩子按在自己的模子里，熔铸成他们想要的模样。可悲的是，自恋型家庭中大量的异常行为模式导致孩子们从小到大都认为这些行为是正常的。孩子们必须按照父母说的去做，还一定得成为他们想要的模样，这就给了孩子们不小的压力。如果孩子还想成为一个健全的成年人，就必须从心理上摆脱自恋型家庭的束缚和规则，获得自我意识。一般来说，"分离—个体化"的过程始于童年早期，结束于20多岁的年纪。但如果人们想要开启这个过程，那什么时候都不算晚。

在本章中，我们将探讨"分离—个体化"的概念和重要性；我们还会探讨为何在自恋型家庭中长大的孩子很难做到这一点。

什么是"分离—个体化"？

心理学文献将"分离—个体化"解释为从心理上与父母分离并形成自我意识的过程。每个人都必须经历这一过程，才能成为独立的个体。心理分离是一个内在过程，和你的身体距家多远无关。

根据知名家庭治疗师默里·鲍恩博士的观点，成年人在"分离—个体化"过程中走得越远，他们对家庭动态模式的情绪反应就越少，在观察家庭动态时就越客观，也就越能意识到他们在成长过程中无法看到的"神话、图像、扭曲和三角关系"[1]。而正如鲍恩所说：

---

[1] 默里·鲍恩：《临床实践中的家庭治疗》，纽约阿伦森出版公司，1978，第539页。

如果一个人具备一点点观察能力并能控制自己的部分情绪反应，那么他就具备了一类能力。这类能力在生活中的各种情绪旋涡里都派得上用场。这个人在生命里的大部分时间可以做出适当且自然的情绪反应，也知道自己能随时退出情境，降低反应速度，还能通过观察来控制自己和周边的环境。

我经常用以下的比喻向来访者解释"分离—个体化"的概念：请想象你正坐在剧院里观看舞台上的角色，而这些角色正是你原生家庭中的成员。坐在观众席上的你可以从远处看到这些人是如何扮演他们的角色以及如何表现出自恋型家庭的规则的。既然你不在舞台上了，你也就不再处于戏剧之中。你可以远远落座，在不卷入家庭纷争的情况下单纯地观察和了解家中发生的事情。当你变成家庭互动的旁观者时，你的视角和反馈就会变得更加客观。

"分离—个体化"的目标是，无论是否和家人在一起，你都要发展并保持自我意识。我把这种感情状态称为"既是家庭的一部分，又独立于家庭而存在"。你也可以根据下面描述的图像来构想这个概念：你的家人们站成一圈，双臂紧紧地揽着彼此的肩膀，每个人都依靠在其他成员身上。现在，请想象每个人都将手臂向下，靠近自己的身体两侧。这样一来，一家人仍然围成一个圆圈，但每个人周围都有一条无形的界限，让他们不会与其他成员彼此纠缠。每个人仍然是家庭的一部分，但也独立于家庭存在。

当一个人能与自恋型家庭达到这种心理分离状态时，他就可以自由地发展自己的个体特质了。在本章中，我们将探讨抑制"分离—个体化"过程的各种障碍。一旦了解了这些障碍，你就可以在第三部分"治愈与解脱"中克服它们。

忽视型和吞噬型的自恋养育者是如何抑制"分离—个体化"的

正如我们所了解到的，自恋型父母要么漠不关心，要么吞噬一切。你可能会认为这两种方式会给孩子带来不同的结果，但它们的影响是相同的。让我们分别来了解一下这两种方式是如何抑制孩子的"分离—个体化"过程的。

忽视型自恋养育者

作为被自恋型养育者忽视的孩子，你很可能会把时间和感情都花在求得他们的关注、爱护、接纳和认可上了。这会榨干你的情感储蓄和精神能量。你很可能沉溺于围着自恋父母转的感觉，试图让他们注意到你并照顾你，以致无法建立自我意识。

46岁的帕特里夏是个在自恋型家庭中被忽视的孩子。现在的她仍然觉得脱离父母的控制发展成独立个体是种挑战。她在治疗中报告了这一情况：

> 小时候的我觉得被忽视是件令人难受的事。可是即使我已经长大成人，能照顾好自己，不再需要父母为我做任何事情了，我还是坚持给他们打电话。我的父母从不打电话问候我或我的家人：不问我和孩子们怎么样，不想知道我们在做什么，也不过问我的工作。但如果我不经常给他们打电话，肯定就会接到

他们打来的电话。电话通常是妈妈的"帮凶"——爸爸打来的。他会简单地说句"我们还活着",然后挂断电话。这让我感到愧疚,也提醒我该打电话了。

父亲并不关心小帕特里夏,如今也仍在传达这样的信息——女儿和女儿的孩子们的生活并不重要。在父母看来,帕特里夏唯一的职责就是关心他们过得怎么样。所以我们能理解为何帕特里夏很难关注她自身的发展。

被忽视的自恋者子女需要应对一种独特的感伤和困惑之情,他们怀疑父母压根就不想要他们,也没有对他们爱到能够照顾他们的程度。他们甚至没有从父母那里体验过流于表面的关怀,而父母本应是世上最爱他们的人。因此,他们无法接受成为心理成熟的个体的挑战。

吞噬型自恋养育者

如果你是吞噬型自恋养育者的孩子,对方会不断告诉你应该怎么想,应该相信什么以及该成为什么样的人。他们从不鼓励你发展出独一无二的个性,因此你也无法建立自我意识。吞噬型自恋养育者控制着你的一举一动。

无论你的养育者是吞噬型自恋者还是忽视型自恋者,其影响都是一样的。你没有机会通过参与"分离—个体化"这一关键的发展过程来蜕变成独立的个体。这一过程通常应该贯穿你的整个童年时代。

在健康的家庭中,父母会随着孩子需求的变化而平衡自己对孩子的反应。健康的父母希望儿女发展出自己的个性和自主性。正如作家朱莉·霍尔所说的:"如果一个养育者既能给人安全感,又反应积极的话,那么他就能做到既细心又灵活,既参与其中又置身事外,像浇灌花园一样培育孩子不断发展的个性。"[1]

许多自恋型父母的成年子女表示,他们的父母时而对自己视而不见,时而将自己吞噬殆尽,给他们带来了更多不一致感和困惑。大多数来访者都不知道他们是被忽视还是被吞噬了,抑或二者兼而有之。

40岁的维克托意识到,他自恋的父亲显然符合吞噬型自恋养育者的定义:

> 小时候的我感到无法呼吸。父亲监视着我的任何举动和想法,这让我没有了自主意识,感觉自己必须成为另一个他。他会说"我们要相信这个,要这样思考,要这样做事"之类的话——他根本不给我的大脑留出任何思考自己所做所想的空间。如今我40岁了,还不知道自己是谁。

克拉拉如今50岁,她的母亲是一个吞噬型自恋养育者。她告诉我,她的母亲掌握了大大小小的决定权,她从来没有机会行使自身的判断力或按照自己的心意行事。在回忆母亲总是如何控制着她的决策时,克拉拉转述了一个很能说明问题的故事,她重现了和家人一起出去吃饭时的情境。克拉拉似乎无法和母亲在心理上剥离开来,

---

[1] 朱莉·霍尔:《你生命中的自恋者》,纽约终身图书公司,2019,第173页。

这种无法剥离的情况延伸到了她无法自主决定要吃什么：

> 当女服务员把菜单递给我的时候，我就必须决定自己要点什么菜。每当这时，我总是会问妈妈："妈妈，我想吃什么啊？我喜欢什么菜啊？"我相信我不是那个知道自己想要什么的人，妈妈才是。即使已经长大成人，我也不容易做出决定。我似乎总是在询问别人我要怎么做才最合适。

自恋型家庭儿童要面对的"分离—个体化"障碍

除了吞噬型和忽视型父母的影响之外，还有哪些因素会让人难以从情感上摆脱自恋型家庭的影响？你可能会认为，如果你从小受到不好的对待，那么你就很容易和父母决裂，实现心理断乳，从而成长为独立的个体；但事实往往并非如此。尽管残酷的现实已经摆在眼前，你的内心还是会保留一个难以舍弃的愿望：你希望事情会变得更好，希望父母变得更接近你心目中的理想形象。许多自恋者的成年子女不断许下这种注定落空的愿望，祈祷今年、这个生日或这个节日的父母会有所不同。每个人都希望自己的家庭充满爱，接受原生家庭永远不会如我们所愿的事实并不容易。

不过，我们有可能把自己变成我们希望成为的人。下面让我们来看看阻碍"分离—个体化"进程的一些其他心理障碍。

我想要被关爱和被接纳

如果你在缺乏爱、接纳和关注的环境中长大，你可能会想方设法获取它们。当时的你可能不得不对自己说:"也许我只需要取得更好的成绩,考上一所好大学,或者顺从爸爸的意愿,他最终就会接受我的。"你很难放弃这种自己渴望的、理应获得的爱意。每个孩子都该至少拥有一个可以对自己掏心掏肺的人,而这个人通常是孩子的父亲或母亲,对吗?

在研究过程中,我发现许多自恋型父母的成年子女在缺爱的环境下要么变得成绩优异,要么自暴自弃。有些人通过攀登高峰来获得所需的爱意;有些人则干脆放弃努力,走上了自我毁灭的道路,因为他们知道自己永远无法通过努力来获得父母的爱。在我写的第一本书中,我把这类取得成就的人称为玛丽或马克奇迹小孩(Mary or Mark Marvels),把那些放弃自我的人称为自我破坏者(self-saboteurs)。奇迹小孩不断取得成就来证明自己的价值,而自我破坏者则放弃了努力,他们觉得自己本来就不够好,何必多此一举呢?这两类人都是自恋者的孩子,他们渴望被爱、被接纳,但他们为之付出的努力却阻碍了自身"分离—个体化"的进程。

42岁的辛西娅告诉我,她一直希望父母最后能为她的诸多成就感到骄傲,为她这个女儿感到开心。不幸的是,这种渺茫的愿望往往会阻碍我们与自恋的家人进行心理分离。有一次她告诉我,她希望自己的墓碑上刻有如下字句:"她一直不断、不断、不断地努力,最终来到了生命尽头。"辛西娅说她曾努力获得父母的认可,却从未得到过她极力寻求的爱意:

> 我付出了很多努力。我是个好孩子——不惹麻烦、乐于助人,也从不调皮。我一直深深地希望父母能以我为荣。我拿到

了好几个学位,还在工程师的岗位上大展宏图。但我的成就遭到了自恋母亲的嫉妒和"帮凶"父亲的视而不见。

在治疗过程中,辛西娅意识到自己过度追求成就的初衷是错误的。她仍在试图得到父母的关注,但无济于事。这让她很难肯定自己,也很难在没有父母肯定的情况下为自己的成就感到骄傲。

55岁的奥斯卡永远无法达到自恋父亲为他设定的标准:"和我一样找份稳定而高薪的工作。"奥斯卡起先尝试着走父亲的老路,但出于种种原因没能成功。意识到自己永远无法满足父亲的要求的奥斯卡停止了尝试。他告诉我:

> 我早就放弃努力了。现在我全靠救济金生活,无法养家糊口,还有吸毒和酗酒的前科。但可悲的是我已经不在乎了。曾经我只是父亲眼里的失败者,现在连我也认为自己是了。

与许多自恋者的成年子女一样,辛西娅和奥斯卡都难以完成个体化进程,也很难和原生家庭进行心理上的分离。但二人的情况又有所区别。奥斯卡仍在经济上依赖父母,而辛西娅仍在攀登通往成就的阶梯。当辛西娅发现自己无法为自身所获得的成就感到骄傲时,就认为自己必须取得更大的成就。二人都想让别人真心地关注和爱护自己,也都希望别人能认可自己作为人的价值,而不是单单通过自己的行为来判断一切。面对爱意的缺乏,两人的反应虽然有所不同,但都十分极端。他们试图解决这个更深层次的问题,却忽略了照顾和发展自我。

我想要修复我的家庭

"修复家庭"是自恋者的成年子女经常遇到的亲情陷阱。如前所述,我们之所以在自恋型家庭里学会了互相依存的模式,是因为我们被训练成了时刻关心父母、服务父母的存在。但实际上,许多自恋型家庭的成年子女认为他们可以把父母教得更好。他们想修复家庭,让成员之间的关系更热络。这就涉及控制欲的问题。他们的想法是这样的:"如果我能修复家庭,把父母教好,我就觉得我可以控制这个不正常的家庭,也不会感到那么绝望了。"当然了,我们是无法"疗愈"自己的家庭的,所以这项修复计划并不总是奏效。

36岁的罗宾在一个充满暴力的家庭中长大。他的父母经常发生肢体和言语冲突。多年来,她一直试图介入争吵,阻止混乱局面的发生。

> 我曾经试着站在他们中间,让他们冷静下来。当时的气氛真的很吓人,但不知怎的,我觉得自己能修复这个问题。爸爸总是打妈妈,这让我气不打一处来。有一次,爸爸狠狠地赏了我一巴掌,把我的鼻子打出血了。我痛定思痛,明白了自己根本无法解决这种局面。

现年44岁的肖恩也是一名治疗师。他说,当他自己在试图"修复"家庭时,他那自恋的父亲一再用愤恨的话语回击他。这让他不得不放弃了计划:

> 整个童年我都幻想自己能成为一名治疗师。在进入大学开

始学习家庭治疗的时候,我感觉很兴奋,想着也许能为自己的父母和兄弟姐妹做些什么。虽然我热爱我的工作,也能帮助别人,但我试图治疗自恋的父亲、助纣为虐的母亲和两个弟弟的过程简直就是一场噩梦。爸爸经常打电话问我该如何处理我的弟弟们或者他和妈妈的关系,而我就会告诉他一些我认为正确的想法。但爸爸当下就反击了我,对我大喊:"别跟我说那些心理学废话,你以为你是谁?"所以我学会了一问三不知。

我必须照顾好他们

由于"我应该照顾父母"的观念在孩子心中根深蒂固,孩子自己的个性往往被压抑了。请记住,自恋型家庭中的等级制度是颠倒的,所以父母的需求优先于孩子的需求。孩子会认为他们的工作就是照顾父母。这种观点显然会影响孩子或成年子女在心理上和养育者分离的能力。

安妮现今 50 岁。成长过程中的她了解到自己的父母并不善于理财。安妮的父母有工作,却常因为过度消费而付不起账单。自恋型父母往往都是如此,他们似乎更关心如何满足自己的欲望而不是照顾家人。安妮总是担心他们会吃不饱或者没钱给汽车加油。她在十几岁的时候就找到了一份补贴家用的工作。即便在离开家后,她也会继续给父母寄钱,以确保他们生活无忧。

我习惯了照顾父母。直到成家后,我才意识到这不是我的职责。我当时一边工作,一边还要寄很多钱回家给爸妈。我的丈夫帮我认识到这是明显的错误行为,对我和我们自己的小家庭都是不公平的。可悲的是，当我停止每月寄支票时，父母就完全不再理我了。我对他们来说不再重要了。

我们将在本书后面的章节中详细了解到一点：我们可能在成长的过程中一直关注父母，我们也应该学会用同等的爱来关怀自己。

我没有足够的力量疗愈自己

在情感和心理虐待中成长的人们常常会有一种被击垮的感觉或感到情感消磨殆尽。例如，我曾听到一些来访者说："我的躯壳内可能根本就没有自我，所以何必多此一举呢？""我已经习惯了这种感觉。事情就是这样的。"虽然自恋型家庭的成年子女会想要发展自我意识，但可悲的是，他们并没有足够的情感力量去支撑自己前行。

来接受治疗时，39岁的琳达情绪低落、疲惫不堪。她在自恋母亲和帮凶父亲的身边长大，学会了照顾他人的需求：首先要照顾的是父母，然后是伴侣、朋友甚至同事。当我提出她或许该考虑照顾好自己时，她愤怒地回击了我：

> 你在开玩笑吗？这算哪门子治疗？我没力气，也没时间关注自己，从来都没有。而现在你还要增加我的负担？每个人都需要我做些什么，但我真的没力气了。我现在只能勉强度日。

琳达最终认识到自己的抑郁和疲惫源自她自恋型的家庭。在家里，她不得不照顾父母的需要，并把照顾他人当成了自己在生活中的工作。最后，琳达学会了更好地照顾自己。她是一个卓越非凡、内心充满爱意的人，当琳达把这份爱留给自己时，她就迎来了绽放的时刻。

在建立自我意识的过程中，人们会渴望帮助、认同和鼓励。如果人们在原生家庭中没有得到这些东西，那么他们就会更加渴求这些。我们将会在第三部分"治愈与解脱"中一起探讨如何获得这方面的资源。

年迈父母所带来的挑战

如果来自自恋型家庭的成年子女负责照顾年迈的父母，那么"分离—个体化"就会变成一场严峻的挑战。

62岁的伊列娜是独生女。她的母亲是自恋者，父亲则是母亲的帮凶。父亲去世后，母亲变得更加苛刻，还试图全面依赖在全职上班的女儿。伊列娜一直在接受关于原生家庭创伤的治疗，并在康复方面取得了长足的进步。她正在学习如何划定界限以及只做能力和愿望范围内的事来帮助父母。但是，当母亲生了病需要别人为她做决定时，伊列娜觉得自己有义务帮助母亲。伊列娜疲惫不堪、极度悲伤地来到治疗室，报告了自己在照顾母亲时的感受：

> 我一直害怕这一天的到来。如今爸爸走了，留我一人照顾妈妈。我太累了，不知道自己能不能做到。在没有兄弟姐妹的情况下，我被指定为妈妈的委托人。我不仅需要每天打电话询问她的情况，还要计算她的财务状况，研究如何支付账单以及

将她送进养老院。我以为我是大多数父母所期待的好女儿,但母亲却不懂得感恩。她要求苛刻,控制欲强,批判我试图帮助她的一切行为。我觉得自己又变成孩子了,被人评头论足,也没人看到我的优点。本来我已经不在乎她怎么说我了,但如今我好像又回到了原点。离开她家后,我哭了好几天。我的康复进程好像停滞不前了,心情也总是很低落。上次我去看她时,她居然声称我是个刻薄自私的女儿!我已经为她付出了那么多,真的很难接受她的这种话。

一旦你完成"分离—个体化"的过程,照顾年迈的父母就会变得更容易。因为你会变得不那么被动,也不那么容易被父母的规则和要求所牵绊。当然,如何照顾年迈的自恋型父母取决于你自己,别人无法真正左右你的决定。治疗师可能会希望了解你的康复进程,以帮助你确定最佳行动方案。我也见过一些正在康复中的来访者,和伊列娜一样,在照顾年迈的自恋父母的过程中,他们内心的扳机被触发,又犯了老毛病。

当遗产分配成为问题时

许多成年子女在遗产分配问题上纠结不已。他们担心自己要承担的财务后果,害怕自己在父母的遗嘱里被除名。这对部分人,尤其是要依靠遗产来抚养特殊儿童或支付子女大学费用的人来说,是个棘手的问题。虽然这些子女还是可以完成"分离—个体化"进程,但遗产分配引发的担忧可能会拖慢它的进度。

40岁的达妮卡希望自己尽量减少与自恋父母的接触，也不想总让自己的孩子和他们相处。她说，作为一个抚养特殊儿童的单亲妈妈，自己在这方面举步维艰。

我的父亲已经去世，而母亲即将有一大笔遗产传给子孙。为了照看孩子，我没法出去工作，无论是现在还是将来，我确实都需要母亲的经济援助。我总是担心她被我惹怒，然后把所有财产都留给我妹妹。然而，我妹妹根本不需要任何帮助。妈妈一天给我打三次电话，快把我逼疯了。我正在学习如何建立边界感。但如果我不当场满足妈妈的需求，我就会在她身边觉得心惊胆战。

我见到很多来访者身处类似的困境，而达妮卡的解决方法就是接受治疗。她正在学着建立良好的边界感，同时尝试在母亲提出要求时弱化自己的情绪反应。目前，达妮卡在努力实现照顾自我和联络母亲之间的平衡。她的康复工作越深入，她就越能冷静理智地处理这种微妙的情况。

在聊天过程中，我仍身陷三角关系

三角关系在自恋型家庭的对话中是很常见的。你可能长期和家人以这样的方式沟通，意识不到成员们把你卷入了和你毫无关系的谈话里。你自恋的母亲可能会告诉你她有多生你哥哥的气，而不是直接去找你哥哥解决问题；你的帮凶父亲可能会嘱咐你不要把事情告诉母亲，以免她暴怒。如果家人们一直这样对你，你的"分离—个体化"过程就会变得更加困难。正如我们稍后要探讨的，你必须学会给自己划定界限并帮自己脱离这种三角关系。

50岁的保罗在接受治疗的过程中不断接到母亲打来的电话，而电话内容是母亲对姐姐的抱怨。因为总是被卷入家庭纷争中，保罗的个体化进程被拖慢了。

> 我不是这个家的家庭治疗师。我尝试帮助他们，给他们建议，转过头来却发现这毁了我的一天——因为我一直在反刍他们的问题而没有时间经营我自己的生活。我想直接宣布"别再把我扯进去了"，但还没能说出口。

保罗正学着如何把自己从三角关系中解脱出来。应对此事的关键是要为自己选取一套充满善意和同理心的说辞。例如，他可以对母亲说："嘿，老妈，我知道这对你来说有多难，很抱歉你正在为此事焦心。但现在我工作很忙，不能和你讨论这个问题。我希望你能和姐姐亲自谈谈。"

我还是很在意父母对我的看法

"分离—个体化"取得进展的一个好迹象是，你不再在乎父母对你的看法。这样的你可以做回自己，不被家庭规则所限制，也不用担心被父母评判。人们一定要意识到，太在意父母对自己的看法是心理分离和发展自我的一个核心障碍。

玛拉的故事告诉我们，不再依赖自恋父母的看法对成年子女来说是多么困难的一件事：

> 多年来，我一直依赖妈妈的评价才能获得良好的自我感觉。这一点体现在很多方面：我需要她认可我在大提琴独奏会上的表现、我应聘到的职责重大的工作以及我的潜在发展对象。但我错了。当我和她说了我在单位的新职位时，她只是对我说："你觉得你能在那份没前途的工作岗位上坚持多久？在你这个年纪的时候，我已经开始自己创业了。"她对我的看法让我感到沮丧。我觉得自己又回到了原点。

随着玛拉的康复，母亲对她的贬低会逐渐失去意义。她会揉揉眼睛，对自己说："又来了，我妈就是这样。"不会再因此而受到影响。

接下来……

在本章中，我们探讨了阻碍"分离—个体化"进程的各种因素，包括修复自恋型家庭的执念、照顾自恋型父母的自觉行为以及过分在意父母看法的心理等。虽然"分离—个体化"这一重要过程会受到自恋家长的抑制，或遇到我们在本章中列出的一些其他障碍，但我们最终还是可以实现这一过程的。

在下一章中，我们将探讨自恋型父母带来的另一种影响，我的许多来访者都对这种影响表示惊讶。我们即将要探讨的主题就是复合性创伤后应激障碍（CPTSD）。

第八章

受损的自我价值感和复合性创伤后应激障碍

> 我经常接受心理治疗,但感觉自己一次又一次地被误诊。治疗师说我只是患有抑郁症或过度焦虑,但我知道问题不只是这样。我很难解释这一切,总之,疯狂的家庭经历让我感到无力掌控自己的生活。现在我仍然在和这种感觉做斗争,有时它的突然来袭就像惊恐发作一样。
>
> ——伊莎贝拉,41岁

伊莎贝拉的感受是对的——自恋者的成年子女经常会被误诊。他们通常带着抑郁症、焦虑症或人际关系问题来接受治疗。治疗师可能会给他们开一些应对情绪障碍的药物,而不是探索他们严重的心理创伤史。这有可能是因为治疗师没有彻底调查来访者的家族史或没接受过识别自恋型家庭导致的童年创伤的培训。而当事人自己往往也未能意识到,他们在家庭中所经历的其实是种创伤。我曾屡次从来访者那里听到像伊莎贝拉所陈述的一般的情况：他们接受过很多治疗，但自己的根源问题从来没得到解决。

那么，伊莎贝拉这类来访者身上到底发生了什么？她提到自己无力掌控生活，还经历过类似惊恐发作的感觉。在本章中，我们会明白，许多自恋型家庭的成年子女都在经历创伤后应激障碍，因为他们在孩提时代经历的以及在成年后继续体验到的都是某种形式的创伤。

归根结底，自恋型父母的子女会持续内化一些负面的评价，从而降低自我价值感。如果一个人持续被自我否定的内化信息所侵扰的话，那么这种个人史通常会损毁其自我价值感，而这种受挫的自我价值感会导致一种叫作复合性创伤后应激障碍的病症。

在本章中，我们将探讨自恋型家庭中子女自我价值感受挫的情况以及这种情况是如何导致 CPTSD 的。

作为自恋者的子女，你可能很难相信自己经历的一切是种"创伤"——意识到这一点是很重要的。你之所以难以意识到这一点，是因为人们在自恋型家庭系统里经常否认这个、否认那个，成员们压抑了自己的情绪。此外，这种家庭系统还滋生了一种强势的文化：你要尊敬父母，永远不要说他们的坏话，否则就会被视为坏孩子。换句话说，谈论家庭创伤是一种禁忌。来访者常说，每当谈到童年时期的经历时，自己就会感到非常内疚。这些经历非但不健康、不美好，反而非常具有虐待性质。而乖孩子们不应该因此憎恨他们的父母，对吗？可是，我们的目的绝不是让你痛恨或责怪任何人，而是单纯地让你明白自己的成长背景和形成自我的源头。只有清晰了解自己的家庭史和成长源头，我们才能开启治愈之旅。

自我价值的内涵

如果我们在自恋型家庭中长大,就会学到一点,即自己的价值在于我们做了什么,而不是我们是谁。这个信息是有害而影响甚深的。人们经常交替使用"自尊"和"自我价值"这两个词,但两者的意思其实不同。自尊是指我们如何评价自己所做的某些事。我们可能在某些方面自尊心强,在另一些方面的自尊心弱。例如,事业上的成就感可能使我们产生较高的自尊,但我们在身高长相方面可能产生低自尊。每个人都有长处和短处,而大多数人的自尊随着情景的变化而变化。因此,自尊程度可能取决于我们正在评估自身的哪些方面。例如,杰克或许在销售工作中取得了成功,他为此感到自豪。但是他的节奏感很差——他的女朋友经常指出这一点——所以他为自己是个糟糕的舞伴而感到难过。

而自我价值是由内在意识决定的,它意味着我们内心认定自己是优秀的人,也值得被爱和被接纳。自我价值是由内心决定的,而不是由他人对我们的看法或我们的成就等外部因素决定的。拥有坚实的自我价值感意味着我们知道,无论做了什么,我们都是有价值的人。我们可以在生活中犯错或失败,但良好的自我价值感使我们无论如何都认为自己有能力贡献社会,值得拥有幸福、成就感和爱。我们会将自己看作一个人,而不是等同于我们做的事。我们的价值感源于内心——我们如何看待自己的性格特质,如善良,有同情心、同理心以及尊重和善待他人的能力。

你可能听过这样一句话:"上帝不创造无用之人。"它源自歌手兼演员埃塞尔·沃特斯之口:"我是个了不起的存在,因为上帝不创造无用之人。"无论你是否拥有信仰,你都可以相信一点:虽然有时会搞砸生活琐事,但你仍是一个善良而有价值的人。

马克·吐温说得好:"如果不能自我肯定,那这个人将无法活得自由自在。"简单来说,自我价值感意味着,无论你是否有所成就,无论经历过多少高峰低谷,你都能够接纳自己的一切。当很多人为自尊问题而苦恼时,自恋者的子女却更容易缺乏这种与生俱来的自我价值感。这种感觉与羞耻感类似,会荼毒和损害人的整体自我意识。

被内化的负面信息

如果你在成长过程中总是无法取悦父母,那么你很可能会接收到"我不够好"的负面信息。如果你自恋的父母不能表现出同理心,无法好好教育你,那么你很可能会接收到"我不可爱"的信息。这种负面信息在你心里扎根已久,因此是很难被消除的。即便你的成人自我知道这些有害信念是不正确的,你的内在小孩也会信以为真。因此,当你试图理解自恋养育者多年来传达给你的负面信息时,你就会陷入低自我价值感的陷阱。

多数人的内心都有个时不时批评自己的声音。但自恋者的成年子女会将负面信息化为一种持续叫嚣的呐喊。我从来访者那里听到的最常见的信息如下:

♦ 我不够好。

- ◆ 我不可爱。
- ◆ 我无法信任自己或他人。
- ◆ 我是个隐形人。
- ◆ 我内心空虚。
- ◆ 我是个骗子。

无论对象是小朋友还是成年人，这些负面信息都会对他们的自我价值感产生不利影响。在本书的第三部分"治愈与解脱"中，我们将学习如何回击自我批判，消除负面信息，并创造出我们想要听到的信息。如此一来，我们就能从具有破坏性的内在批评者手中夺回控制权，踏上治愈之旅。

创伤后应激障碍和复合性创伤后应激障碍

创伤后应激障碍是一种由创伤经历引起的焦虑症状。该术语首次出现在1980年美国精神病学协会出版的《精神障碍诊断与统计手册（第三版）》中，与军人们在越战期间遭受的战争创伤挂钩。在这之前，退伍军人遭受的创伤通常被称为弹震症。

多年来，人们不断拓展PTSD的定义，使其涵盖了其他类别的创伤，如强奸、车祸、飓风、龙卷风、虐待儿童、家庭暴力和许多其他可怖的事件。PTSD通常与一次性或一段时间内发生的事件有关。在这些事件中，人们面临着真实的死亡和重伤风险，抑或是遭到了和它们相关的威胁，从而罹患了明显的创伤症状。创伤后应激障碍会导致事件的侵入性记忆、令人痛苦的梦境、事件闪回，以及在接触相似事物时的心理和生理反应。创伤后应激障碍患者可能会：

- ◆ 避免接触引发创伤记忆的刺激物。
- ◆ 无法回忆起事件的某些部分。
- ◆ 表现出认知扭曲，如自责等。
- ◆ 活动兴趣减退。
- ◆ 变得与他人疏远。
- ◆ 无法体验积极情绪。

患者还经常出现以下两种及两种以上的行为：

- ◆ 易激惹，易暴怒。
- ◆ 自我毁灭行为。
- ◆ 过度警觉。
- ◆ 夸张的惊吓反应。
- ◆ 注意力不集中。
- ◆ 睡眠障碍。

PTSD定义的完整解释详见《精神障碍诊断与统计手册（第五版）》（DSM-5）。

那么复合性创伤后应激障碍又是怎么一回事呢？在某些情况下，人们会经历一种持续数月、数年或整个童年时期的慢性创伤。如果创伤持续多年，那么单纯的创伤性应激障碍就会变得"复杂"起来，也意味着我们必须区别对待其中的多种混杂因素。CPTSD 一词是由哈佛大学精神病学教授、著名创伤应激研究专家朱迪思·赫尔曼博士 1988 年首次提出的。

CPTSD 患者的症状包括：情绪调节困难；自我评价消极；难以与他人建立健康关系；脱离自己的信仰体系；等等。

以下清单有助于我们区分 PTSD 和 CPTSD。PTSD 的症状通常分为三类：

1. 再次体验症状，如出现闪回或噩梦；拥有强烈的创伤记忆，甚至会回忆起与创伤有关的景象、气味或声音。

2. 时刻保持警惕，仿佛有种威胁导致他们过度警惕、易受惊吓或紧张不安。

3. 避免做那些让自己想起创伤的事情。[1]

CPTSD 患者通常还会出现其他症状，如：

1. 觉得自己没有价值，为创伤而自责。
2. 被触发更强烈的情绪。
3. 难以信任他人，导致自身人际关系陷入困境。

根据 WebMD（医学信息网站）编辑撰稿人（文章已通过医学博士丹·布伦南的医学审查）的一篇文章所述，"复合性创伤后应激障

---

[1] www.webmd.com/mental-health/what-to-know-complex-ptsd-symptoms

碍的风险因素包括以下慢性创伤"：

- ♦ 童年遭受虐待或被忽视。
- ♦ 家庭暴力。
- ♦ 被贩卖或被迫从事性工作。
- ♦ 被绑架、奴役或折磨。
- ♦ 被关进战俘营。
- ♦ 目睹多次暴力行为。
- ♦ 多重创伤。
- ♦ 自幼遭受创伤。
- ♦ 长期创伤。
- ♦ 受到近亲或朋友的虐待。
- ♦ 陷入困境时对改变现状不抱希望。

上述许多CPTSD的评判标准都适用于自恋者的子女，其中包括：童年遭受虐待或被忽视、家庭暴力（即目睹家中的家庭暴力行为）、多重创伤、自幼遭受创伤、长期创伤（即通常持续整个童年的创伤）、受到近亲或朋友的虐待，以及陷入困境时对改变现状不抱希望（孩子年纪太小，没有能力感知希望的滋味。他们在依赖父母的过程中感觉自己身陷家庭系统的泥淖中无法脱身）。

情绪崩溃

当自恋型父母的成年子女因一些经历而想起过去的创伤时，他们内心的扳机可能会被触发,导致自己被CPTSD反应所折磨。我称这种状况为情绪崩溃(collapse)。当这种情况发生时,人们就好像瞬间退行回了童年时代自己经历创伤的时刻。陈旧的记忆会使人夸大当下的客观情况,让他们眼中的现实变得更具威胁性。

这种崩溃感可能会持续一会儿或数日,也可能会击垮人们的感情防线。虽然情绪崩溃令我们惧怕,但它也让我们进一步了解到CPTSD的动态模式,从而有机会将创伤连根拔起。

47岁的罗伯塔有个自恋的、没有身心边界感的父亲。虽然父亲没有性虐待的倾向,但罗伯塔在儿时乃至青少年时期经常听到父亲对自己身材的暗示性评价。她的父亲还经常批评那些屁股大或身材不好的人。一旦身材走形,罗伯塔就会遭到父亲的重重批判。罗伯塔称自己一直没能从父亲的阴影中走出来:

> 就在今天,我嫁给了世上最好的男人。我深爱着他,也很喜欢他身上的亲和力。有时候,他会从我身边走过,然后拍拍我的屁股。每当这种时候,愤怒的浪潮就席卷了我,让我想冲他大喊大叫。虽然他并没有恶意,但拍屁股的行为让我想起了父亲。我觉得他之所以拍我,一定是因为我不够苗条,或这条牛仔裤无法衬托我的身材,又或者我穿了不合适的衣服。我知道我反应过激,他当时的做法触发了我内心的扳机,让我回到了童年。

当善意而深情的丈夫以特定方式抚摸罗伯塔时,他触发了妻子儿时被父亲物化和不尊重的创伤性记忆。尽管罗伯塔意识到自己强烈而惊愕的反应（即情绪崩溃）是过分的，但早期创伤所带来的恐惧和愤怒亦是无法抹除的。这些强烈情绪未必适合当下的情况，还对罗伯塔的人际关系造成了影响——它们都是 CPTSD 的例证。罗伯塔意识到了自己的反应，却无法调节与之相关的情绪。在治疗过程中，罗伯塔感到很自责。她不仅为丈夫感到难过，也为自己而悲伤。

40 岁的科里向我讲述了他被老板激怒的经历。老板的行为让他想起了自恋的母亲：

> 我的老板能分分钟触发我的创伤。她就像我妈妈一样，不懂得给予善意的、有建设性的批评。我不介意她给我有用的建议，但她会走到我面前，把文件扔到桌上，说："你在想什么？"就在这周，她竟然还对我说了"你是笨还是傻"之类的话，让我消沉了整整一周。在此期间，我陷入了"一无是处"的状态。我自责、反思、愤怒了好几天，冲妻子发泄一切。有时我甚至无法正常入睡。

有些人可能会认为，面对老板的贬低，科里的反应也太极端了。其实他的反应正是情绪崩溃的特征。事实上，在整整一周的时间里，科里都在消化这些批评对自己造成的伤害。他的大脑不断运转，内心愤怒而自责，还因联想到这些话所映射的现实情况而辗转反侧。科里能清楚地意识到这一切背后的原因：他在自恋型家庭中长大，受到母亲严苛的管教，而这段经历导致的情绪障碍一直挥之不去。

多米诺骨牌效应

我常用办公室桌上的多米诺骨牌来解释 CPTSD 的诱发机制和随之而来的崩溃效应。我将多块骨牌摆成一列,随后,我和来访者把它们想象成来访者迄今为止的人生。每块牌都象征来访者童年时期的一项创伤。接下来,我们会讨论来访者最近经历的扳机事件,并将一块多米诺骨牌放在序列的最前面。如果其他骨牌代表的创伤没有解决,那么新的扳机事件就会波及其他创伤,造成大片骨牌的坍塌。而这种坍塌的感觉要比最近的扳机事件严重得多。通过我简单的演示,来访者理解了近期发生的事件是如何强行唤起创伤记忆的。

许多自恋者的成年子女都意识到,自己经常对当下事情做出夸张的反应。在了解到这些事会触发 CPTSD 之前,他们是无法理解自己为何会有如此强烈的反应的。来访者经常报告说他们觉得自己疯了,而其他人也经常对他们这么说。

32 岁的玛乔丽告诉我:

> 最近,我某天和我的朋友以及她的妹妹一起喝咖啡。在此之前我从未见过她的妹妹。当我和朋友聊天时,她的妹妹几乎一句话也不说,还用奇怪的眼神望着我。我不知道她这是怎么了,还心想我是不是说错话了。大约十分钟后,她的妹妹起身准备离开。我说自己很高兴能和她见面,她却回答:"虽然我不知道姐姐看上你哪一点了,不过你俩还是好好享受咖啡时光吧。"我被这个陌生人的侮辱式言语震惊到了。虽然我不怎么认

识她，但我还是觉得她给了我一次暴击，而且，这种难受的感觉持续了好几天。为什么我会允许一个陌生人的胡言乱语对我造成如此大的困扰呢？

玛乔丽在治疗中意识到这件事让她想起了与自恋母亲一起生活的那些年。当时为了取悦母亲，她总是循规蹈矩、宽和有礼。但到头来，玛乔丽还是会被挤对——因为在母亲的心里，她永远都不够好。朋友妹妹的出现给了她一次暴击，这一击将她打回了来自童年的历史性创伤情景中。这就是为什么她花了好几天才从这句轻度冒犯的话语的打击中恢复过来。

现年40岁的埃尔登曾反复谈到，他从小就觉得自己是父母的负担。他自恋的母亲一心只想着自己，对小埃尔登提出的每个问题和需求都嗤之以鼻。埃尔登的帮凶父亲则把育儿工作基本交给了妻子。初次来到我诊疗室的埃尔登总是向我道歉，原因是他占用了我的时间，他戏太多了，或是传达了太多需要我处理的信息。当然，我会安慰他，说这是治疗时间，也是我的工作，所以不用担心我。有一天，他在诊疗室给我讲了这样一个故事：

> 我觉得自己好蠢啊。由于工作太忙，我忘了给车加油，然后车在我上班经过的高速路上没油了。我惊慌失措，给我的新女友打电话，让她过来帮忙。我知道她如果有空的话一定会来帮我的，但当时她正忙着送孩子出门上学，送完孩子还要上班。虽然我能理解她拒绝我，但还是觉得我的求助给她带来了麻烦，所以我已经向她道歉好几天了。为什么我不能放过自己呢？为

什么我总是对求助于她的行为耿耿于怀?

联系种种迹象,我们可以得出这样的结论:埃尔登察觉到自己是女友的负担,而这种感觉带他回到了童年时代,也回到了自己持续给父母增添负担的痛苦之中。求助女友的行为让他无法停止自责,这是他情绪崩溃的表现。虽然埃尔登明白女友并没有为那通电话而心烦意乱,但这还是触发了他的CPTSD反应。不过,辨识内心的触发因子帮助埃尔登减少了愧疚感和反思行为。过了段时间,埃尔登才相信女友不会像父母那样拒绝他的请求。尽管如此,埃尔登还是不断向对方道歉,把错误归咎于自己,这导致他和女友的关系只维持了数月。他决定先在治疗中解决自己被童年创伤所触发的激烈情绪反应,再与伴侣建立健康的亲密关系。

重复出现的梦境

噩梦和梦境恐慌是PTSD患者的症状之一,我察觉到CPTSD的来访者也会反复做同一个梦。通常情况下,重复出现的梦境代表着某个急需解决的情绪问题,而睡梦中的大脑无意识地会继续对此进行处理。人们需要记录下这些梦境并在疗程或康复过程中去探讨它们。

45岁的凯蒂回忆起了一个反复出现的梦境。梦境的内容令她有些困惑,直到我们在一次治疗中谈到了这一话题。

> 我几乎每天晚上都会做同样的梦——我尝试在出门前穿好

衣服，但衣服不是不合身就是搭配错误。这一切都是以慢动作进行的。与此同时，我不断地听到卧室外的大厅里有个声音在说："我们走吧，快点，该出发了！"但无论我怎么努力，都无法尽快整理好仪表。

凯蒂最初和我讨论她的梦境时，推测大厅里催促的声音也许来自丈夫。他在催促她做好准备，就像有时他在现实中做的那样。但随后，她转述了自己在梦中的一些重要感受。她声称她的部分自我不仅不想迎合那个声音，还有点享受当下的慢动作。所以我猜凯蒂也许是希望时间能慢下来，能够不理会那个声音，不穿上那件衣服。当我提出这种可能性时，她笑了笑，对我说：

大厅里的声音也许就是那个真实的我吧。她告诉我，不用准备了，直接过来吧……你本来的面貌足够好了。所以我的梦可能想处理"我不够好"这个问题。

自恋型父母传达的信息"你不可以做真实的自己"是凯蒂原生家庭创伤中的重要组成部分。从童年开始，凯蒂的父母就一直向她明确传达着这样的信息：无论发生什么事，都要挂着开心而体面的笑容。凯蒂按照父母的规定隐藏了真实情感，绝不提起任何负面的、令人心烦意乱的想法。这给凯蒂带来了很大创伤。这一点，加之自恋型家庭带来的其他不良影响，使她几十年来一直在经历 CPTSD。在离家后的二十多年里，她的那个梦境也一直反复出现。我们探讨了凯蒂的父母是如何持续忽略女儿的真正人格的。我也告诉她，现在的她仍能通过治疗重建自我价值。

48岁的加布也反复做同一个梦。在梦里，他努力打扫房间以及整理周围的一切，却无法和梦里遇到的那群人打成一片。

> 我总是梦见自己想要把东西整理得井井有条，但无法整理好一切。这让我很焦虑。我的梦里有好几个人，但我并不能融入他们。我总是试着整理周围的东西，却永远也收拾不完。醒来后的我既焦虑又沮丧。

在治疗过程中，我和加布讨论了这个缺乏条理性的梦境可能代表什么。在重复的梦境里，有几件事与他在自恋型家庭中遇到的困难相似。第一，他的情绪曾经常被扰动；第二，他以前总是想方设法把事情搞定，让父母高兴；第三，父母曾指定他打扫家里的卫生，让他担负了太多那个年龄不该承受的责任。当然，上述的任何一点都让现实中的他力不从心，令他感到焦虑和自卑。

后来，加布还发现这个梦境与他混乱的内心秩序有关。他之所以以一种高度警戒的态度在梦里沉迷于整理一切，正是为了弄清自己是谁，今后的人生要做什么。加布一直被自恋的父亲控制着，而父亲坚持让儿子按既定轨道向成功进发。这导致加布一直无法形成强烈的自我价值感，也无法选择自己想要的生活。

反复出现的梦境也反映了加布的不安全感。加布缺乏安全感的原因很复杂，但归根结底，他总是害怕自己会犯下莫名其妙的错误，让生活中的一切分崩离析。

我将梦境的各方面与加布在自恋型家庭的成长经历关联在了一

起，这种认知有助于为加布的康复奠定基础。

45岁的简·玛丽反复梦见自己丢了钱包。这使她很沮丧：

> 我几乎每晚都梦见自己丢钱包。丢钱包其实是我最害怕的事情之一，所以每次我都很恐慌。想到要重新办理钱包里的所有证件，我就悲从中来。对于丢钱包这件事，我在梦中的恐慌程度比实际生活里的还要严重许多。

简·玛丽在我和她的咨询时段内探索了她丢钱包的梦境，也意识到这个梦代表了她的恐惧——她不是害怕丢钱包，而是害怕没有安全保障。简·玛丽从小就被自恋的父母忽视和散养，不得不学会挣钱养活自己。虽然如此，她的内心还是缺乏安全感。她自小就一直觉得，一旦意外发生，自己将无人依靠。每当她有情感需求时，她都指望不上自己的父母。最后她得出了结论——自己最担心的"噩梦"和内心的空虚感有关，而不是和一个丢失的钱包有关。

CPTSD 的躯体影响

当创伤堆积在人体内时，人的躯体就会受到影响。许多自恋者的成年子女都能证明这一点。他们中的有些人声称身体出现了与 CPTSD 相关的症状，有些人则罹患了身体疾病。

贝塞尔·范德科尔克博士是一名专注研究创伤后应激障碍的精神病学家，是畅销书《身体从未忘记》(*The Body Keeps the Score*)的作者。他描述了持续性创伤对身体的影响，比如我们看到的 CPTSD

所致的躯体症状。当身体持续处于高度警觉或警戒状态时，就很难再度自我调节。范德科尔克博士这样解释：

> 理想情况下，我们的应激反应系统会迅速对威胁做出反应，然后马上恢复平衡。然而，在 PTSD 患者身上，该系统无法实现平衡。危险过去后，"战斗、逃跑、僵呆"的信号仍在持续发挥作用。而应激激素的持续分泌会让人表现为焦躁和恐慌，长此以往，人们的机体健康将遭到严重破坏。

我经手的许多自恋者的子女都描述了他们的各种病症，其中包括免疫性疾病、类似于肠易激综合征（IBS）的各种肠胃紊乱疾病、偏头痛、关节炎或其他疼痛问题，不一而足。据他们所说，医生经常遗漏或忽略这些病症，而那些藏在症状背后的情感创伤并没有得到处理。

阿丽尔·施瓦茨博士在名为《创伤的神经生物学》（"The Neurobiology of Trauma"）的文章中阐释了以下主题——面对压力和创伤，我们的神经系统是怎么影响自己的身心反应的。

> 面对压力和创伤时，自主神经系统（ANS）在我们的情绪和生理反应中起着重要作用。自主神经系统有两个主要组成部分：交感神经系统和副交感神经系统。交感神经系统与战斗或逃跑反应以及血液中释放的皮质醇有关。副交感神经系统负责给交感神经系统踩刹车，让身体停止释放压力化学物质，转而开始放松、消化和再生。交感神经系统和副交感神经系统应该有节

律地交替工作，以支持健康的消化、睡眠和免疫系统功能。

我们可以看到以 CPTSD 的形式表现出来的压力和长期创伤是如何干扰健康的情绪或生理平衡的。这就是为什么有些人在经历了 CPTSD 后声称自己出现了躯体症状——如呕吐、无法控制地颤抖、背部或颈部疼痛、严重的消化问题或无来由的疲惫。

创伤与大脑发育

研究表明，创伤、被虐待和被忽视的经历会对儿童的大脑发育产生不利影响——这或许是 CPTSD 引发的最令人不安的后果。随着儿童的发育，他们的大脑也会随着环境变化而变化。布鲁斯·佩里博士是一名国际公认的大脑发育和儿童危机专家。佩里博士在该领域的开创性研究表明，与其他身体部位一样，儿童的大脑发育也是有先后顺序的。博士指出，婴幼儿的大脑很敏感，具有可塑性。这就解释了为什么儿童大脑的基本构造，可能会在创伤性事件后发生改变。[1]

人们已经发表了许多有关创伤和大脑发育的文章。虽然我并不自诩为这方面的专家，但还是被这些研究成果震撼。以下是一篇题为"创伤如何影响儿童大脑发育"（"How Trauma Affects Child Brain Development"）的文章片段，这篇文章引用了佩里博士的研究成果：

---

[1] 布鲁斯·佩里和约翰·马塞勒斯：《虐待和忽视对发育中大脑的影响》，《美国医学会杂志》，2011 年。

经历创伤时，大脑启用的回路都是那些与创伤反应有关的。这样一来，大脑将减少适应性行为所需的其他回路的形成。因此，幼年时期经历的创伤会导致依恋关系中断、认知迟缓和情绪调节能力的受损。

接下来……

在第二部分中，我们探讨了自恋型父母对孩子的影响。我意识到要消化这些信息和过往案例是件难事。我所介绍的内容可能会让你感到难以承受，乃至身陷绝望。但是，康复的希望和方法总是存在的——这两者都非常重要。希望你能与我一起向着曙光的方向前行，开启治愈的旅程。

在第三部分"治愈与解脱"中，你将从原生家庭系统中的自恋动态模式中挣脱出来，走上康复之路。

第三部分

治愈与解脱

自由的真谛在于
你如何看待别人对你所做的一切。

——让-保罗·萨特

我们在第一部分了解到了自恋型家庭的动态，在第二部分了解到了自恋型父母的影响。那么现在恭喜你，我们即将正式踏上康复之旅。

好消息是我已经为自己、数百名来访者以及我工作坊的参与者创造出了一种五步康复法，而我们已经证实了该方法的有效性。通过这五个步骤，你将有可能克服作为自恋型养育者子女而受到的情感和心理伤害。

为了赋予你继续前进的信心，我们将在这部分一一探讨这五个康复步骤并深入研究它们。我们还会在每个章节提供经验性质的、生理层面的、可视化的或日记体的练习，以促进你的康复进程。

从现在开始，我们就来到了本书的实践性部分。本章将提供处理自恋型家庭阴影的解决方案和可行性指导。通过运用这些方法，我相信你将做好充足的准备来应对那畸形的自恋之爱，摆脱它带来的代际阴影。

如果你是自恋型父母的成年子女，你就会习惯于把注意力集中在父母身上。在大多数时间，你要么无视自己的需求，要么对父母的意图唯命是从。而康复过程中最美好的部分就是，你终于可以把注意力放在自己身上了。

在开始这段意义重大的康复之旅前，我们需要记住以下几个原则：

◆ 关注你和你的创伤并不意味着自私自利。有些人被告知，关注和了解自己的创伤过程是自私、以自我为中心或任性的行为。事实上，在使用五步康复法时，你一定得把注意力放在自己身上，这一点极其重要。自我疗愈和自我关怀不仅能让你过上更健康的生活，还能使你享受更健全的人际关系。

◆ 投身自我疗愈的过程并不意味着你是受害者。刚来我这里接受治疗的来访者常害怕自己陷入受害者心态，于是便产生了抵触情绪。所以我有必要澄清这一点。在康复的初期，你有权感到自己是受害的一方——因为你刚明了自己在孩提时代是如何受到伤害的，并确定了要努力的方向。为了让治疗顺利进行，你需要接纳和肯定受伤的内在小孩。我要向你保证的是，在完成五个康复步骤后，你的受害者心态会消失。你将感觉自己是一个更真实、更成熟、更完整的个体。

◆ 五个步骤的操作顺序是固定的——这是很重要的一点。为什么一定要按顺序实施步骤才有疗效呢？这是有原因的。为了保证每一步都于你有益，你必须完完整整地实施好上一步之后，再开启下一步。有时候你也许需要返回某个步骤，并在此基础上做更多功课。最重要的就是按照治疗顺序操作，一步一个脚印。我建议大家先阅读第三部分的全部内容，再运用五步康复法——这样你就能对康复所包含的内容有大致的了解。这之后，你就可以回过头来按顺序完成这些步骤和练习了。

◆ 疗愈自己是一项对内的工作。在完成所有康复工作之前，我不建议你对自恋型父母或家人实施家庭治疗。你的心态会在完成五步康复法后变得更加强大，而那时的你就可以将家庭治疗提上日程了。虽然针对自恋者的家庭治疗往往无法成功，但根据父母自恋程度的不同，我不排除一些家庭从中受益的可能。

◆ 你可能觉得自己的家族史是个禁忌话题，其实不然。许多成年子女在讨论和处理原生家庭事宜时感到内疚。但是，为了明白自己是谁、从哪里来、自己的身上发生了什么，我们有必要审视自己的过往。通过回忆过往信息，我们也可以明确疗愈的方式和需要努力的方向。你并不会因为回顾、了解自己的成长环境而成为一个坏孩子。反之，这会帮你成为真实的自己。你只是在用正常的方式应对家庭中的非正常情况罢了。

◆ 相信自己的感觉。很多自恋者的成年子女都是在自我怀疑中长大的，他们无法信任自己对现实的感受。自恋者可能运用煤气灯效应对你进行了操控，把你说成疯子，从而严重抑制了你相信自我的能力。我们将一起努力加强你信任自己感受的能力。但也请你意识到重要的一点——摆脱自我怀疑的阴影将是一场艰巨的挑战。

◆ 写写日记。我建议我的来访者们使用专门的日记本来记录五步康复法的进展。你可以在此写下疗愈自我的所有心路历程。你可以选择使用日记本或电脑上的特殊文件夹来记录一切——这将有助于你回顾自身的经历，明确自己走到了五步康复法的哪一步。如果你正在接受心理治疗，那么日记也将有助于你的治疗师开展工作。

♦ 努力回忆和描述自己的生平史。请花些时间回忆和描述自己从出生起到现在的社会经历，以便更全面地了解自己的生平——这很有帮助。为了帮你开展这项工作，我会在下面罗列基本问题清单。你可以先简单作答，然后再慢慢补充个人史。你还可以把它和日记本收纳在同一处。我们不一定要在开始五步康复法之前就答完这些问题，你可以边自我疗愈，边对这些问题进行补充。

你的生平史

以下是一些供你思考并记录在日记中的一般性问题。

1. 你在哪里长大？成长在什么样的城市、集镇、社区？
2. 你的父母是在一起还是离婚了？
3. 父母的姓名和职业？
4. 你兄弟姐妹的姓名和年龄？
5. 你与母亲的关系如何？
6. 你与父亲的关系如何？
7. 如果你有继父母的话，你与继父母的关系如何？
8. 你与兄弟姐妹的关系如何？
9. 如果你是独生子女，你的独生子女生活是怎样的？
10. 提起幼年时期，你会想到什么？

11. 提到小学生活，你会想到什么？

12. 提起少年时期，你会想到什么？

13. 提起你的青年时代，你会想到什么？

14. 你的初恋是怎样的？

15. 在你的童年时期，除了家庭功能失调的问题之外，还有其他重大创伤吗？

16. 你的家庭经济状况如何？

17. 你觉得父母给你传递的主要信息是什么？

18. 你在家庭中扮演什么角色？

19. 在你的成长过程中，谁是你生活中的支持者？（如姑姑、叔叔、祖父母、老师、朋友等。）

20. 请描述你的家庭中是否有酗酒或吸毒现象。

21. 请描述你家庭中的任何犯罪行为。

22. 请指出家中是否有精神病患者。

23. 请回忆你家中是否发生过意外事故、医疗问题或有人早逝。

24. 你的家庭是否经常搬家？（如果是，请描述具体情况。）

25. 如果父母中的一方有自恋倾向，另一方是否围绕着自恋者转，助纣为虐？

26. 描述你父母的吞噬型或忽视型的自恋行为。

27. 描述你家中的孩子们是否受到平等的对待。

28. 你能找出你家庭中的替罪羊、掌上明珠和流放儿童吗？你是否属于其中一种情况？

29. 你是否有任何重大的精神问题的相关诊断或住院治疗的经历？（如果有，请描述）。

30. 你是奇迹小孩还是自我破坏者，或者二者兼而有之？

我们将带着这些问题开展第三部分的疗愈工作。现在，让我们从首要的步骤，即接纳、哀悼和处理创伤开始吧。

第九章

第一步——接纳、哀悼和处理创伤

一旦接受了父亲患有的自恋障碍影响了全家这一事实,我就更容易放手,也更容易消化创伤了。起初我希望父亲最终能改变自己,所以并不愿意接受现实。我想着他也许会在我生日那天改过自新,或在下次聊天时幡然醒悟。但我现在终于接纳了真相,懂得了蕴含其中的力量。

——伯尼,38 岁

接纳

康复的第一步是接纳你的养育者患有自恋障碍的事实——这一事实意味着对方无法给予你儿时所需的无条件的爱意、养育、同情、指导和关怀。养育者无法满足你的情感需求,这让你感到自己被遗弃了,成为情感上的孤儿。一旦完全接纳了这个令人难以承受的事实,你就可以开始康复工作了。

35岁的杰罗姆向我讲述了他在接受自恋父亲和帮凶母亲的事实时遇到的困难。想到自己的孩子们并没能拥有一对慈爱的祖父母，杰罗姆尤为难过：

> 在康复初期，我突然意识到我的三个孩子没有一对称职的祖父母。这个想法在很长一段时间内阻碍了我的接纳工作。我希望孩子们拥有慈爱的祖父母，但现实并非如此。当时的我在想，难道我就不能做些什么来改变现状吗？但是，每当我的父母和孙子孙女们在一起时，他们只会暂时把孩子们的需求放在首位，旋即就把孩子们忘得一干二净。我的父母过于沉浸在自己的世界，没法真正给予他人关注和关心。我的疗愈工作不仅是为了自己，也是为了我的孩子。不得不说，因为相信我的父母会对孙子孙女们另眼相看，所以在接纳身处自恋型家庭的事实这一步骤上，我花了相当长一段时间。

为何接纳是如此困难？正如我们之前所了解到的，否认是自恋型家庭系统的重要一环，就连自恋者的成年子女也不愿意放弃好转的希望。就像伯尼和杰罗姆所描述的那样，我们往往期待着自己与自恋父母的关系有所改变。我们都希望生活在一个温暖的、充满爱意的家庭中。如果我们从未置身于温馨的家庭氛围中，那我们就更加心有不甘，无法接受现实了。我们也可能会陷入依赖心理的陷阱，觉得可以通过成为更好的儿女或取得更大的成就来修正父母的行为。或者，我们认为如果自己取得更大的成就，父母最终就会以我们为荣，并以我们渴望的方式来爱我们。

我们也许很容易说出"他们尽力了",也不会牢牢抓住过去不放。也许我们的父母确实尽了最大努力,但这并不能抹去他们强加给孩子的创伤。而且,很多时候,他们并没有尽其所能,而是在很多方面直接对孩子造成了虐待。成年后的我们经常听到有人劝自己说"过去了就好……以往的事情就一笔勾销了"。但我们知道事情并非如此。我们经历的童年创伤依然历历在目,也永远无法纵容人们虐待儿童的行为。

真正接纳父母患有自恋障碍的事实意味着我们必须放弃从他们那儿得到我们童年时期想要的,而且现在仍然想得到的关怀。在这之后,我们必须着手处理仍盘踞在内心的创伤了。当我们学着接受自恋父母没有能力给予我们一直想要得到的爱这一事实时,不妨想想这样一个比喻:有人送了他们一辆漂亮的自行车作为礼物,但他们真的没办法骑上它去兜风。他们被某种东西阻碍着,因而没有能力去驾驭它。同样地,自恋父母拥有一个可爱的孩子,却碍于自恋障碍而没有能力去好好地爱这个小孩。自恋型养育者的孩子期盼养育者能关注、爱护、培养他们,这情有可原,但养育者的自恋障碍致使他们没有能力回应孩子的心愿。

接纳自恋父母以往对待我们的态度并不意味着我们要责备或憎恨他们。接纳意味着理解父母的局限性,为的是开启我们自己的疗愈之旅。大多数孩子,包括自恋型家庭的孩子,确实爱着他们的父母。自恋父母无法用正确的方式爱孩子,而孩子们情不自禁地对这种畸形的爱做出反应。我再次强调,自恋者的子女是在用正常的方式应对非正常的情况。话虽如此,成年后的我们有责任治愈自己,恢复自体健康。指责和憎恨对这一过程毫无帮助。

请记住重要的一点——自恋是种谱系障碍，所以它包含不同程度的自恋特征。处于谱系近端的人也许能直面自己的行为并参与治疗，这种类型的父母也许有希望改变。请你确认父母是仅携带一些自恋特质，位于谱系的较近端，还是百分百的自恋型人格障碍患者——这一点对你来说会很有帮助。你可能需要参考附录中的"自恋型人格障碍诊断标准"（摘自《精神障碍诊断与统计手册（第五版）》）来确认这一点。

如何才能做到接纳？

在开始接纳之前，我们首先要弄清楚什么才是阻碍你接受父母自恋障碍的最大壁垒。你一定是出于某些原因才难以接受家庭真相的，而弄清它们很重要。想一想阻碍你承认和接纳家族真相的障碍是什么？

为了帮助你评估接纳方面的障碍，我将提供一个包含多种主题和问题的日记模板。请尽情就此陈述并尽可能多地写下它们是如何影响你接纳父母自恋的。如果你正在接受治疗的话，你也可以和治疗师讨论这些问题。

许多自恋型家庭的成年子女都害怕自己会错误地评价父母和家庭。请记住：你的感觉、看法和记忆都是属于自己的。感受本身并不会出错。也请记住，虽然父母有自恋特征或完全自恋的人格障碍，你仍然可以爱他们。承认事实并不会让你成为一个坏人。

关于接纳的日记主题和问题

在日记中写下以下主题和问题将有助于你完成接纳这一步骤。

可以先从那些最易处理的问题或主题开始，稍后再回到那些可能更具挑战性的话题上来。

- ◆ 我是否想对自己的感受负责，并为之付出努力？
- ◆ 我是否允许自己信任自己的感觉？
- ◆ 如果我承认我的父母有自恋障碍，没有在我小时候如我所需那样爱我，而且很可能永远不会改变，这对我来说意味着什么？
- ◆ 如果我接受父母有自恋障碍，这是否意味着我不值得被爱？
- ◆ 如果我接受父母有自恋障碍，这是否意味着我有问题？
- ◆ 如果我接受父母有自恋障碍，这是否意味着我疯了？
- ◆ 我是否一直希望自恋的父母会改变？
- ◆ 如果我接受父母有自恋障碍的事实，我是否害怕这会导致父母或兄弟姐妹抛弃我？
- ◆ 我是否持续对父母抱有期望？这些期望是什么？
- ◆ 如果我承认父母有自恋障碍，我会害怕别人怎么看我吗？
- ◆ 如果我接纳了父母的自恋障碍，冤枉了父母，该怎么办？
- ◆ 我害怕自己是一个自恋者吗？（提示：如果你能对他人产生同理心，并能与他人的感情世界建立联结，那么你就不是自恋者。）

我如何知道自己是否接纳了父母有自恋障碍？

当你不再期望父母能理解你且为真实的你提供同理心和支持时，你就掌握了接纳的真谛。即使你不喜欢父母的行为或其对待你的方式，你也能轻巧地接受。但请你注意不要把被爱的需求寄托在他人，如朋友或伴侣身上。我们当然希望感受到朋友和伴侣的爱，但没有人能够真正取代我们需要的、来自父母的爱。随着五步康复法的深入进行，我们将学习如何重新养育好自己。

现年 40 岁的丹尼丝就是自恋者的成年子女。她最终掌握了接纳的方法并向我分享了她的突破性进展：

> 当我拨通父母的电话时，现在的我已经预感到他们不会问候我和孩子们了。我早就知道他们只会谈论自己的事情，而且理所当然地觉得我会倾听他们。如今，我不再挫败而沮丧地挂掉电话，而是接受这样的现实。

32 岁的丹尼尔一直在努力接受关于自恋父亲的真相。他分享了自己是如何放下对于父亲的期望的。

> 过去，当爸爸忽视我的生日和我生命中其他大事时，我会感到空虚。我会收到妈妈寄来的卡片或接到她打来的电话，但从来没有收到过他的任何音信。现在我不再期待爸爸能改变了。他就是他。虽然这令人难过，但放下不切实际的期望也是一种解脱。

哀悼

一旦接受了自己被自恋者在自恋型家庭中带大的事实，你就可以准备开始实施第一个步骤的第二部分，即哀悼和处理创伤了。

所谓哀悼，就是悼念自己从未在家庭中及养育者身上得到过的东西。这些东西都是你想要的，也是你应得的，但你却两手空空。伊丽莎白·库伯勒-罗斯博士在《下一站，天堂：生死学大师谈死亡与临终》一书中写到，一段自然的哀悼过程包括五个阶段：否认、愤怒、交涉、抑郁和接纳。在哀悼缺席的理想型养育者时，我们也将运用到这些阶段，这次我们要把接纳放在第一顺位。因为在自恋型养育者将我们抚养长大的过程中，我们已经尝试过了否认和交涉。如果不先做到接纳，我们就无法继续处理心底的悲伤。让我们来看看自恋型父母的成年子女是如何度过整个哀悼阶段的。

哀悼的几个阶段

1. 接纳：首先我们需要接纳这样一个结果，由于自恋障碍，我们的抚养人没有能力成为一名有爱心的、能好好教育孩子的养育者。

2. 否认：为了生存起见，年幼的我们不得不否认父母没有能力好好爱我们的事实，并把这种无能看作对方的一种教育方式。

3. 交涉：在儿童和青少年时期，我们一直祈盼自恋的父母会改变。于是我们用尽招数想要赢得他们的爱和认可。

4. 愤怒：作为成年子女，我们意识到了父母爱护、关怀、支持我们的能力有着某种程度的不足；想到父母的忽视是如何给我们的生活带来严重的负面影响时，我们会感受到一股强烈的怒意。

5. 抑郁：在悼念理想家庭和理想父母的双重缺失时，我们通常感受到强烈的悲痛。

我在下面的日记练习中提供了一些问题和主题。它们将帮助你有效进行哀悼体验。

有关哀悼的日记主题和问题

在日记中写下以下主题或问题将有助于你度过哀悼这一步骤。慢慢写下你的心里话，且要忠于自己的感受。你要知道在这个过程中你并不孤单。鼓起勇气，捍卫属于你的真相，这没什么大不了。

- ◆ 我希望拥有的理想父母是……
- ◆ 我的自恋型父母究竟是什么样子的？
- ◆ 我希望拥有的理想家庭是……
- ◆ 我的家庭到底是怎样的？
- ◆ 我的父母在公开场合和关起门来时有什么不同？
- ◆ 写一写那个你没能成为的小男孩或小女孩。
- ◆ 写一写你在孩提时代错过了哪些需要或想要的东西。
- ◆ 补全这个句子：当我为失去理想中的家庭和父母而哀悼时，我感到……

在完成五步康复法的过程中，你可以将你想到的任何事情添加到这个列表中。

处理创伤

当你在哀悼理想家庭的缺失时，它会触发你童年时期身为自恋者子女的一些创伤。学会正视和处理你自童年起就积压的创伤是第一个步骤的关键环节。

为了有效处理你在原生家庭中经历的一切，你需要真实地体验与创伤有关的感受。你要处理的是一生的经历、情感、记忆和事件，不可能一蹴而就。你将与受伤的内在小孩沟通，允许那个孩子感受到愤怒、悲伤、失落、被遗弃和孤独感。多年来，你可能压抑了很多情绪，或被告知自己的感受并不重要，所以你可能很难让这些深层次的、令人不安的感受浮出水面。在首次回忆自己的成长经历时，有些人可能只感到麻木。对这些人来说，他们需要重新学会感知潜在的情绪。和治疗师一起处理创伤也会让你受益颇多。我强烈建议你让治疗师参与其中，因为你需要一个第三视角去验证你受伤的内在小孩的存在。接受你的内在小孩意味着你允许这个孩子发出"我当时不该被这样对待"的控诉。

康复初期，44岁的马西谈到自己"忘记了如何哭泣"，而且她谈到，在人生的大部分时间里，她都在持续压抑自己的感受——这导致了她的恐惧。

> 如果我允许自己哭泣且真实地感受到内心的创伤，我怕自己无法停止哭诉，也无法从中脱身。长久以来，他们一直告诉我要忍耐，还说我的感受并不重要。所以我忘记了如何哭泣。一旦开始哭泣，我就会让自己停止。我的大脑里好像响起了一个危险信号，它说："不要这样做，否则你会有麻烦并会再次受到羞辱。"

我的许多来访者都是在初次为人父母时开启治疗的。他们对我说，当初次体验到自己对孩子无条件的爱时，他们突然明白，自己的父母可能从未这样爱过自己。这让他们感到深深的悲哀,他们不禁要问:"为什么我的父母对我就没有这种浓浓的爱意?"

29岁的雪利回忆说,她能在女儿面前感觉到自己无条件的母爱,而这种爱意是她在原生家庭中没能体会到的。由此,她开始正视自己的创伤。

> 女儿刚出生时,我很害怕自己会像我那自恋的母亲一样以某种方式伤害她。这使我开始严肃对待我的康复工作。当我感受到那股发自内心的母爱冲动时,我在激动的同时又心痛不已。我觉得内心那个受伤的小孩太可怜了。那个孩子渴望妈妈拥抱她,告诉她一切都会好起来,而不是忽视她或对她大吼大叫,说她是个爱哭鬼。这时,我才意识到自己内心的创伤所在。

你很可能会在回忆创伤时产生PTSD反应,你要允许它的发生,这很重要。此外,定期安静地独处也会对你的深度康复工作大有裨益。

如果你在处理创伤的同时身处恋爱关系中,请一定要告知你的伴侣你在做什么以及为什么要这么做。如果你的伴侣能够理解你,他就会非常支持这个过程。如果他无法理解这些信息,就会说出"忘掉这些吧"这类无用的鸡汤。如果不对创伤进行处理,你就无法顺利进入下一个步骤。在治疗自恋型家庭来访者的过程中,我有时会为来访者的伴侣解释五步康复法中的部分内容。这样一来,他们就会支持来访者,不会说错话,也不会过分担忧来访者在此过程中要经历的一切。

处理有关自恋型家庭的深层创伤是一件很困难的事，很多人一开始并不愿意开展这部分的治疗。或者说，他们认为自己已经向朋友、亲人或治疗师讲述了部分童年往事，就不必更深入地叙述了。这就是为什么我总是反复引导来访者回到这一步。如果匆匆结束了这一步骤，你也许会在下个步骤意识到自己需要重返这一环节以更深入地处理创伤。我的一些来访者在这一步骤花费了一年乃至更长时间。

有些人则声称自己没有什么童年记忆。如果你也属于这种情况的话，即便不能回忆起一段详细的、让你从中重温所有感受的童年故事，你也可以写下关于小时候的笼统感受。如果你发现自己很难回想起当时的感受，那么你可以看看关于失调家庭的电影，让自己哭出来。这可能会帮你激活此步骤。

写日记也是处理创伤的上策。要回忆尽可能多的童年故事并将它们写在日记中。在下面的日记练习中，你可以试着回忆起经历这些事情时的感觉。要用心感受这些情绪。你也可以用日记与受伤的内在小孩对话，给予他有权获得的同情心。

关于处理创伤的日记主题和问题

♦ 写下你可能在小时候内化的负面信息。它们从何而来？你现在对这些信息的感受如何？

♦ 写下你的父母让你伤心的行为以及你伤心的原因。

♦ 写下你的父母让你生气的行为以及你生气的原因。

♦ 写下当你不得不把自己的感受藏在心里时的感受。

♦ 写一写当小时候的你感觉不到爱时，你是如何抚慰自己的。

♦ 写下儿时的你在表达感受时获得了何种反馈。

♦ 写出让小时候的你感到恐惧、迷茫或孤独的具体经历。

♦ 以受伤的内在小孩的口吻写出你的愤怒、恐惧、悲伤、失落、被遗弃和孤独感。

♦ 给你受伤的内在小孩写信,就童年的痛苦经历与其产生共鸣。

运动和体验性练习

有时你可以在处理创伤的过程中做些体育锻炼,这会对你有所帮助,也能起到疗愈功效。创伤会储存在我们的身体里,而运动过程中的思考和感知则能将身体里的创伤情绪诱发出来。你也可以通过一些体验性练习来帮助自己处理内心感受。

以下是关于运动和体验性练习的建议:

♦ 边想着自己失去的东西边长时间散步或跑步。

♦ 对着一张空椅子说话,把它当成你的父母或其他家人。大声说出你想对那个人说的关于你在成长过程中受到的对待。

♦ 参加任何能锻炼身体的活动,如瑜伽、普拉提、跳舞、游泳、打网球、打篮球……并关注运动之后你会有什么感受。

♦ 击打拳击袋或踢轻量级拳击箱并关注自身的感觉。

♦ 击打枕头并关注自身的感觉。

♦ 听着忧伤的音乐放声痛哭。

♦ 给父母和兄弟姐妹写信,表达你的悲伤和愤怒。你可以借此宣泄你的情绪,但不要把信寄出去。这些信件仅供治疗用途。

♦ 使用 EMDR（眼动脱敏与再加工疗法）来获取深层次的感受。EMDR 是一种利用快速眼动治疗创伤的有效方法，但必须由训练有素的临床医生执行。你可以访问 EMDRIA.org 寻找你所在地区的治疗师以及确保治疗师接受过有关治疗自恋型父母的成年子女的培训。

如何知道自己是否完成了哀悼和创伤处理工作？

我很难对这个问题做出评估。如果你不确定自己是不是完成了这一部分，那么你大概还没有完成。大多数来访者在这一步骤上花费的时间不够，不得不在一段时间内不断走回头路。如果你的情况确实如此，请不要气馁。这很正常。当你准备好继续前进时，你会发现自己的情绪没有那么激动了，也不容易被那些扳机事件触发了。

有些来访者报告说，直到自己为此投入时间之前，他们都还没有发现这一过程的妙处。随后，他们向我报告了相应成果。45 岁的布里安娜就是一个例子。她告诉我自己是如何从讨厌这个困难的步骤来到"如释重负"的状态的。

> 我讨厌康复过程中的这一部分。虽然体会所有这些感觉并努力克服它们是如此艰难，但我每天都能感受到自己在进步，并且觉得自己变得轻松了……我仿佛是把好几斤的创伤丢出了体外。释放一切，接受自己的感受并确认自己的痛苦——这让我感觉非常好。

50岁的朗尼报告了他经历的那段感受"直觉"的痛苦时光。

> 我感觉我的内心背负着整个家庭的耻辱。感受自己的内在让我如释重负。去感受一切情绪绝不是一件容易的事情。但我强迫自己去做了。我的家庭功能失调问题很严重,而我似乎内化了这些问题,转而责怪自己不够好。我意识到,当我的家庭或者我周围的人发生不好的事情时,我总是会胃痛。当我开始承认、理解和接纳自己的感受时,胃痛的次数就减少了。起初,我觉得写日记这件事有点傻,但当我开导好自己,并坐在书桌前把感受付诸笔端的时候,我醍醐灌顶。写日记是个合理的建议,因为这是个有效的方法。写完日记的我真的感觉好多了。

44岁的艾琳坦言当我最初鼓励她真正去体验自身感受时,她感到自己被威胁了。不过,她勇敢地坚持自我疗愈并收获了成果:

> 我很难和自己的深层感受打交道。从小我们就不能在家里真情流露。如果我皱起眉头,父母就会扇我一巴掌,对我说:"给你的小脸蛋来点笑容!"因此在康复过程中,尽管我了解了自恋型家庭的动态模式,但还是很难让情感自然流露。而我必须学会跳出桎梏,走进自己的直觉和内心世界。

塔拉如今41岁。原生家庭里的小塔拉只能做自恋母亲的镜子,表达母亲的感受。随着处理自己的创伤史的进展,现在的塔拉能够

拥抱自己真实的情感了:

> 如果我妈妈情绪低落,我也会难过。如果她难得心情不错,我就会相对开心点。但那些都不是我真正的感受。我也不知道自己的真实感受是什么。当第一次面对我的过往时,我经历了好几天的扳机效应。但现在,我终于能够拥有自己的感受了,也可以谈论并接纳它们了,这让我觉得非常自豪。

与你的自恋型养育者暂时分开

在开始第四步之前,我们的康复工作并不包含远离父母的决定。但我经常建议来访者在治疗之初就暂时和父母保持距离。这样一来,来访者就可以在不被加害者触发的情况下处理创伤了。我知道有时你必须和父母共处同一个屋檐下。如果可能的话,请你与自恋的养育者暂时分开。这对你的康复更有益处。

你可以让自恋的养育者知道你正在自我疗愈的过程中,所以需要一些空间。而且你会在有空的时候和他们取得联系。你可以当面和他们讲,也可以发邮件,但不要表现得过于戏剧化或情绪化。我不建议你告诉对方自己正在做什么。你只需要让他们知道你是爱着他们的,只是要休整一段时间罢了。不必解释其中的原因。如果做不到这一点的话,就请尽量减少和他们的联系。关键是要让自己处在一个没有触发因子的情感空间,专注于自身。

接下来……

现在,你已经允许自己接纳、哀悼和处理童年经历的创伤,并准备好进入第二步——分离与个体化。你已经完成了康复过程中最重要的一步,所以接下来的任务会变得更容易完成。来吧,为自己在第一步中付出的努力点赞。你正在努力和创伤做斗争,而这正是你康复的关键。

现在,让我们继续进行下一项重要的工作,即从心理上与父母分离,塑造出更清晰的自我意识。你正在向一个更健康、更快乐的自我进发。

第十章

第二步——分离与个体化

现在,我能够退后一步,以一种更客观的视角来看待家人的反常行为了。我觉得自己得到了解脱,不再被他们的疯狂行为所触发,也不再被牵扯进家务事。这真是令我如释重负!

——阿纳斯塔西娅,66 岁

你在第二个步骤要达成的目标如下:从心理层面完全摆脱你的自恋型家庭及其动态模式,成为你自己。在这个步骤里,请专注在摆脱你的家庭模式上,直到你可以观察到家庭模式的失调而不是被这种模式吸引。当你能在实际生活中做到把"我"和"他们"分开时,你的疗愈工作就见效了。

当你能够承认自己是家庭中的一员,但不再希望自己的成人身份由家庭塑造时,这意味着你"既属于他们中的一员,又独立于他们存在"。"分离—个体化"进程和地理距离无关,它涉及你内心的修炼,修炼的意义是将自己视为一个独立于原生家庭的个体,把自己从家庭动态模式中解放出来且开始定义出个性化的自我。

还记得之前的例子吗?想象你的家人在舞台上表演,而你只是在台下看戏的观众,不再扮演指定角色之一。当你能走出这场戏剧并客观地观察你的家庭时,就会感受到阿纳斯塔西娅所说的自由和解脱感。

放下你所扮演的角色

正如第二部分所讨论的,我们往往在养育我们的自恋型家庭中扮演特定的角色。这些非正常角色极少尊重或反映孩子的真实面貌。现在,无论是替罪羊、流放儿童、掌上明珠、独生子女,还是不同时期的不同角色,你很可能已经识别出自己曾经扮演过其中的某一个。你的康复之旅已经来到了这一步——是时候抛开别人赋予你的角色,做回你自己了。在生命的大部分时光里,你都在扮演家庭所赋予你的角色;而现在,你终于可以努力摆脱虚假的身份,定义真正的你了。

你可以通过以下的日记练习开启这一过程。日记内容将涉及你在自恋型家庭中扮演的一个或多个角色以及你现在为自己设想的身份。

有关你家庭角色的日记主题和问题

♦ 我在原生家庭中扮演的最突出的角色是什么?

♦ 我对这个角色有什么感觉?

♦ 必须扮演这个角色对我有什么伤害?
♦ 现在家里有谁让我继续扮演这个角色?
♦ 那个人如何／为什么继续强迫我扮演这个角色?
♦ 我的家庭成员是如何定义我的?
♦ 我现在想如何描述自己?
♦ 我的家人是如何描述我的?我同意他们的描述吗?
♦ 我的家庭成长经历是什么?

44岁的安东尼逐渐明白了自己是家里的替罪羊。他的自恋父亲和帮凶母亲似乎都把家庭问题归咎于他。在康复过程中,安东尼认识到,虽然无法改变父母,但他可以改变自己以及自己面对父母时的反应:

> 我至今不明白为什么姐姐是最受宠的孩子,而我却总是事事陷入麻烦。即使到了今天,如果发生了不好的事,他们也会先找到我,问我做了什么或说了什么,认为是我把事情搞砸了。我总觉得家里人就是不喜欢我。这么多年来,我内化了他们的评价,真的感觉问题出在自己身上。现在我懂了,我就是那个被当作替罪羊的孩子——尤其是在爸爸心情不好的时候。虽然妈妈不一定会责怪我,但她也没有保护我的权益。
>
> 通过自我疗愈,现在的我不再允许"我是坏人"的信念在心中作祟,也不再允许自己被家人刺激了。我学会了相信自己的感觉和自己眼中的事实。如果家里有人试图把"搞砸一切"

的角色强加给我,我现在真的可以一笑置之,并对自己说:"这群人又来了!"

安东尼是幸运的。康复中的他了解到父母不再能定义自己的一切。他拥有了定义自身价值的力量。

拥有自己的独特性

你与自恋父母和其他家庭成员相比有什么独特之处?在实现个体化的过程中,请考虑哪些特质、价值观和行为是真正属于你的,或是你想要进一步发展的,这一点非常重要。请批判性地思考家庭成员的价值观、特质和行为,决定其中哪些代表了你的个性或你想形成的个人特质,而哪些是你想摒弃的。这对你而言也是很有帮助的。

29岁的惠特尼告诉我,在挖掘自身独特性的过程中,她的自恋父亲不赞同自己,而母亲习惯性强化父亲的指令和观点。她告诉了我她是如何在这种状况下为定义自己而战斗的:

> 我爸爸希望我能继承家业。作为家里唯一的孩子,我是延续他社群名望的唯一希望。虽然我从没有表现出对生意的兴趣,但他一直以为我会继承他的衣钵。我不仅对爸爸的企业毫无兴趣,也不同意他的价值观和由此衍生出的生意经。毕业后,我告诉父母我要追求自己的事业,但他们基本持反对意见。因为我拒绝了他们一直以来为我做的人生规划,这给他们留下了不

好的印象。虽然对他们来说我现在是匹"害群之马",但我正在学习尊重自己的决定。

许多自恋者的成年子女意识到不知为何,自己和家庭氛围格格不入,他们称自己为家庭中的"害群之马"。当他们违背预期家庭模式或如实说出家庭的功能失调来打破常规时,其他成员往往会转而攻击他们。为了阐明个体化和揭露真相所需要的勇气,我鼓励这些成年子女不要把自己比喻成害群之马,而是长颈鹿。长颈鹿目光远大,能看到马看不到的东西,既脚踏实地又充满力量。同时,长颈鹿视野开阔,能更准确地感知周围环境。在下一章中,你将进一步了解这种独特的动物对成年子女的意义。此时此刻的你可以开始在下面的日记练习中定义自己的独特性。

关于拥有自己的独特性的日记主题和问题

◆ 我如何描述我的自恋型父母的特质、价值观和行为?

◆ 我如何描述我的帮凶型父母的特质、价值观和行为?

◆ 我如何描述兄弟姐妹的特质、价值观和行为?

◆ 我如何描述自己在特质、价值观和行为方面与每个家庭成员的不同之处?

◆ 哪些价值观对我很重要,但对其他家庭成员不重要?

◆ 哪些活动对我很重要,但对其他家庭成员不重要?

◆ 我在家庭中学到的哪些东西是我能选择保留在信仰体系中的?(例如,宗教、政治、经济、教育方面。)

决定退出三角关系

密切关注与家人的沟通是这一康复阶段的要务。请尤其注意家里的三角关系是如何展开的。还记得我们之前讨论过的传话游戏和间接沟通吗？你的家里人是不是仍然拒绝直接交谈，而是通过其他成员来传达信息？现在，是时候把自己摘出家里的这种三角关系了。

我们要如何做到这一点呢？你只需要声明一点：你将不会参与任何背着当事人进行的谈话。当家里人与你谈论其他成员时，你要礼貌地说，你认为这是他们两个人之间的事，你更希望他们直接谈话。你不再是那个需要把信息传达给被谈论的人的中介了。

彼得如今35岁。当另一名家庭成员对其他人感到不满时，他就会去找彼得，并将所有的沮丧、愤怒、悲伤等不良情绪都发泄在彼得身上。彼得屡次陷入三角关系，陷入其中的他会给其他家庭成员打电话，试图解决矛盾。但他的这种努力毫无成效、令人挫败。后来彼得才知道参与三角关系对他来说是多么不健康的行为：

> 我的角色是什么？家庭治疗师吗？我真的厌倦了在家庭中不断充当调解人和教导主任的角色。我曾经承担过类似的角色，并试图给予家人帮助，让一切恢复正常。但我得到的结果总是不尽如人意，还经常被反咬一口。当我在治疗中了解到这不是

我的职责时，我很激动。我可以停止扮演这个角色了，这样做其实对我的健康更有好处。现在，每当这种情况发生时（是的，它仍会发生），我只是平静地和对方说，他需要直接与第三方交谈，我不想掺和。我就这样把自己从整件事情中摘出来了，感觉非常好。现在，我的情感疲惫程度大大降低，也终于可以专注自己的生活了。

关于退出三角关系的日记主题和问题

◆ 我如何描述三角关系在我家里的作用？

◆ 家中谁看起来最喜欢三角关系？

◆ 我是否难以做出退出三角关系的决定？如果是，为什么？

◆ 我是否发现自己沉迷于家庭八卦和狗血事件？如果是，为什么？

◆ 我是否难以设定用来防止三角关系的界限？如果是，为什么？

意识到自恋者的情感投射

我们已经了解到，自恋者之所以将自身情感投射到他人身上，是因为他们不善于接纳和面对情感。因此，当对生活中的某些事情感到不安时，自恋者就会把这些感受发泄到别人身上。在康复步骤中进展至此的我们应该非常清楚这种情绪投射效应。

打个比方，如果自恋的父亲今天工作不顺心，带着愤怒的情绪回家了，那么他就会把怒气发泄到其他家庭成员身上，对他们大吼大叫，批评他们，或者以某种方式贬低他们。又或者，当自恋的母亲感到疲惫和沮丧时，她不会致力于安抚自己的情绪，而是开始挑剔其他成员，传递出成员们不够好的信息。虽然她真正的感受是她自己不够好，但她不得不把这种感觉投射到别人身上。请记住，自恋者的核心是一个异常脆弱的自我，而这往往被其自大所掩盖。他们的自我厌恶会投射到家庭中的其他人身上。

这一步骤的部分工作就是去注意自恋父母何时会把感受投射到别人身上。当你成为被投射的靶子时，你会感到莫名其妙——因为对方的批评和指责其实与你毫无关系。当自恋者投射出的情绪向你袭来时，你要退一步问问自己：这和我本人或我做过的事有关系吗？

自恋型父母也会投射出积极的情感。这种情况发生于他们将某个家庭成员理想化的时候，如面对掌上明珠时。积极投射的产生通常基于自恋者不良的自我感觉，或他们本身拥有但难以接纳的优点。自恋者的成年子女通常会说他们是积极投射和消极投射的双重受害者，因为自恋父母可能前一天还把他们理想化，后一天就贬低他们。请记住，投射是自恋者在无法认知自己的某些情绪时将其转移到别人身上的行为。

你需要学习的技巧是，当自恋父母将他们的情感投射到你身上时，你要将这些情感识别出来，并告诉自己：这与我无关。这是父母的心事，我不必让它影响到自己。

44岁的普丽西拉讲述了她是如何学会应对自恋母亲将负面情绪投射到他人身上的倾向的：

当自恋的妈妈遇到不顺心的事时，我们都会遭到牵连。走进家门的她显然对工作中的摩擦很不高兴，于是她开始愤怒地咆哮，批评我和妹妹的一切让她看不顺眼的行为——没有把洗干净的碗筷放好或把书本落在了我们的学习桌上。她会唠叨个不停，搞得我在当晚剩下的时间内心烦意乱。但她从不道歉。现在，如果她依然在我们相处的时候故技重演，我只会笑笑。因为我知道她生气与我无关，而是与她内心的不快乐息息相关。

43岁的加里也有个类似的故事，通过第二个步骤，他认识到自恋父亲所投射的感情与他没有多大关系：

> 如果爸爸因为某件事情而情绪低落、自怨自艾的话，他会突然指责我表现得很悲伤，让我振作起来，心存感激。每当这时候，我就会一头雾水——我不觉得难过啊，他在说什么呢？现在我明白这是怎么回事了。当时他在把阴暗的情绪转嫁给我。而我再也不会上当了。

36岁的克丽丝塔是自恋母亲的独生女，曾在家庭中身兼数职。据克丽丝塔称，母亲的积极投射和消极投射都让她非常困惑：

> 当妈妈陶醉于她肤浅的自我膨胀状态时，日子就挺好过的，我是最好的孩子、最优秀的学生、所有孩子中最聪明的一个；但当她心情不好的时候，我的一言一行都会遭到严厉的批评。在她看来，我要么百分百地出类拔萃，要么就糟糕透顶。这让我很困惑。后来我发现妈妈对我的印象取决于她当时的情绪如何，与我自身毫无关系。

第二个步骤的目标就是看清自恋父母投射情绪的本质，不再让他们错位的情绪爆发伤害到你。当他们把自己的不快乐投射到你身上时，你就能够意识到这是他们的问题，而不是你的问题。

关于意识到自恋者情感投射的日记主题和问题

◆ 我是否因为与我无关的事情而受到责备？（请举例说明。）

◆ 自恋父母的投射对我产生了什么影响？

◆ 作为成年人，我对父母将情绪投射到小时候的我身上有何感想？

◆ 写出你现在如何更好地理解了情感投射并看清它的本质。

◆ 如果你明白了父母的情感投射过程，内心不再那么疑惑了，请写下相关感受。

◆ 如果你明白了父母的情感投射过程，减少了自我怀疑，请写下相关感受。

◆ 如果你明白了父母的情感投射过程，所以感觉不再那么受自恋父母的控制了，请写下相关感受。

克服自恋父母的嫉妒心理

我们已经讨论过养育者嫉妒孩子是件多么奇怪的事情。请记住，人们在自恋型家庭里得到的信息是，自己应该在特定事情上表现出色，让自恋的养育者自我感觉良好，但不要过于优秀，掩盖住父母的光芒。这条信息是疯狂而自我矛盾的。要优秀，但不要比你自恋的父母更优秀，因为太过优秀的你会遭到他们无理的嫉妒。

我发现来访者往往意识不到自恋父母的嫉妒之情。因为如果你在"你不够好"的信息轰炸中长大，就很难相信有人会嫉妒你。而自恋型养育者的嫉妒实际上是另一种形式的投射，基于养育者本人自尊心的缺乏。当你摆脱了自恋型家庭动态模式之后，你就更容易识别出父母的嫉妒心及其造成的伤害。在完成第二个步骤包含的"分离—个体化"之前，成年子女通常会因为父母的嫉妒心而感到自责，或任由父母指责自己。

马丁的经历就是个典型案例。他自恋的父母嫉妒儿子在学业上取得的成就。虽然期望儿子能考上大学并成就一番事业，但他们并不满意儿子毕业后的选择：

> 当我拿到学士和硕士学位时，一切都非常顺利。但当我开始攻读博士学位时，父母都开始嫌弃我，让我退学，并表明他们不会支持我继续深造。他们两个人有硕士学位，但都没有博士学位。是我走得太远了。他们几乎是在明摆着告诉我，致力于提高自己的学位水平是在"耍大牌"。他们没有把内心想法直接说出来，但潜台词是："你以为你是谁？"在着手康复工作之前，我可能会接受他们的想法，从研究生院退学。我会责怪自己超过了他们，让他们心里不好受了。多亏了康复工作，我现在可以看清他们嫉妒我的真面目，做我自己该做的事，而不会感到内疚或担心伤害他们的感情了。

劳伦如今 33 岁。她那自恋的母亲经常唠叨她的体重。劳伦很小的时候就被迫节食，母亲所谈论或关心的也都是她的外表。20 岁出头的劳伦加入健身房会员，还选择了一名心仪的私人教练。在教练的指导下，她的身材变得非常不错。与此同时，她的母亲长胖了。现在，劳伦的母亲不仅没有为女儿感到高兴，反而无法接受劳伦比自己漂亮的事实：

> 自打我塑形成功之后，我妈一见到我就说我厌食。虽然我从未患上过任何饮食失调类的疾病，但她总会说："把你那骨瘦如柴的小屁股挪过来，帮我洗洗碗。"这也太伤人了。为什么她就不能为我感到骄傲呢？我总是怀疑自己，心想也许妈妈说的话是对的——我是不是瘦得太过分了？不过，多亏了我的康复工作，我现在可以看出妈妈只是在嫉妒，所以她的行为不再能伤害到我了。虽然知道坚持自我会让妈妈难过，但我会努力做自己，并成为最好的自己。

现年55岁的华金从小就生活在一个拮据的家庭。一家人挤在租来的小屋里，物质生活匮乏。长大成人后，华金成为一名声誉卓著的牙医，还为自己的小家购置了一栋漂亮而昂贵的房子。这引发了他那自恋父亲的嫉妒。父亲一直嫉妒华金的事业，通过贬低儿子的成就，他投射出了不自信的内心活动：

> 爸爸的自负让他看不惯我那栋漂亮的房子。每当他和妈妈来看望我们时，他不但不为我们感到骄傲和高兴，反而会对房子评头论足。他会说："这厨房太大了，就像个摆设。"或评价我们的装潢，说我们的现代家具"看起来很廉价"。这曾经让我

们很困扰，但现在我和妻子都知道这是他的嫉妒心在作祟，所以也就不去理会了。我花了很长时间才与自恋的父亲分离开来，并明白一切都是他脆弱的自尊心作祟，与我们无关。

关于克服自恋父母的嫉妒心理的日记主题和问题

◆ 写下你觉得自恋父母嫉妒你的时刻。

◆ 父母的嫉妒给了我什么感觉？

◆ 当我取得父母从未取得的成就时，我是否感到内疚？（如果有，请描述自己的感受。）

◆ 父母的嫉妒对我有什么伤害？

◆ 我的兄弟姐妹嫉妒我吗？他们的嫉妒与自恋父母的嫉妒有什么关系？

回击内在负面信息

我们已经在第一个步骤中确定了你最为突出的内在负面信息。现在，是时候回击这些信息，并将其转变为积极言论了。这可能是个困难的过程，但通过练习，我们是可以成功做到的。你需要用成人养育者或母性的声音与受伤的内在小孩交流。请把这一过程想象成你和受伤孩子的对话，告诉对方他是可爱的、有价值的、足够好的。仅仅使用肯定句是行不通的，因为你的内心不相信这些句子是真的。你必须使用成年自我的逻辑来向受伤的内在小孩解释，为何在自恋型家庭中接收到的负面信息是错误的。

关于回击内在负面信息的日记主题

◆ 写下一部"剧本",把内在负面信息当成其中一个角色,让你自己担任另一个角色。剧本的对话将这样展开:负面信息所代表的角色大放厥词,而你则用你有理有据、能共情自我的陈述进行回击。

◆ 重新书写你最突出的负面内在信息,把它们改成你想向自己传达的信息。

◆ 给你受伤的内在小孩写一封信,讲述你从自恋的父母那里收到的每一条负面信息——并解释为什么这些信息是错误的。当你给受伤的内在小孩写信时,要想象自己真的在和孩子说话并给予对方安慰。

记住,你是从情绪不健全的父母那里接收到关于自己的负面信息的。他们没有资格评判你或定义你是谁。请提醒自己,我们都不应该听信内心不健全者的劝告。

如果你在日记练习中遇到困难,可以考虑寻求 EMDR 治疗师的帮助。EMDR 可以帮助你对负面信息脱敏,并强化你想传达给自己的正面信息。

挑战家里的"紧箍咒"

自恋型养育者往往会有口头禅或非正式的信仰准则,并教导孩子相信它们。如果你不再相信这些"紧箍咒"或意识到它们是错误的，那么你就应该对此发起挑战。

鉴于自恋型家庭中的孩子都被灌输了错误的爱的定义，他们的家庭"紧箍咒"或许是这样的：你的价值取决于你的行为，而不是你的本质。很多自恋的父母告知子女，自己的家庭要比别人的更胜一筹；有些人则学会了面子大于里子；还有许多人被教导要坚忍，不要流露感情，因为这样做意味着软弱，也会给父母带来负担，如果自恋者的子女表达了不安的情绪，就会被扣上过分敏感的帽子。

当想到你的自恋型父母和原生家庭时，你是否回忆起了一个或多个对方灌输给你的"紧箍咒"？对方是否让你相信一种专属于你家的话语体系？如今你还相信吗？现在，是时候正视这些信念了。

艾莉森如今25岁。自恋的母亲告诉小艾莉森，她们的家庭比其他家庭要出色。母亲不让艾莉森和某些孩子玩耍，因为用她的话说，对方"不是我们的同类"。在第二个步骤对应的康复工作中，艾莉森修正了从小到大伴随着她的"紧箍咒"，使之更准确地反映自己的信念：

有时，我交的朋友们没有我家有钱，而妈妈不鼓励我和他们交往。当我问她原因时，她说："他们和我们不是同一类人。"随着年龄的增长，我越来越明白这句话的意思：我只能和那些住在中上层社区的孩子交朋友。如今的我不再相信这一点了。如果现在让我给自己的择友观下一个定义，那就是：我以人品来判断人的好坏。

现年 46 岁的布拉德生长在一个运动型家庭中。他的父亲是个自恋狂，非常重视身材的修长健美，看不起任何超重或外形不够完美的人。在康复过程中，布拉德意识到他不再相信父亲从自己记事起就灌输给自己的"紧箍咒"，即保持苗条得体的身材是最重要的事情：

> 我父亲对超重者非常挑剔，而我们从小也对这类人抱着鄙视的态度。他传达给我们的明确信息是：一切都与你的外表有关。这不仅让我成为一个完美主义者，还让我更加注重外表，而不是我作为一个男人以及一个人的本质。我不希望我的孩子们背负这样的压力，也想让他们尊重人的本质。

对 51 岁的斯科特来说，家里的"紧箍咒"是隐藏自己的感受。如果斯科特表达了自己的感受，他那自恋的父亲往往会称他是婴儿或弱者。在康复过程中，斯科特了解到，因为父亲不知道如何处理感受，所以自己的感受对父亲来说是一种负担。当他发现识别自身的感受，并与信任的人分享自己的感受的重要性时——他一开始很难做到上述这些——斯科特感到如释重负：

> 以前我觉得男人就要有男人样。成熟的男人是不会落泪的；男孩就应当学会坚强。但是，随着我长大成人，结婚生子，我发现自己被灌输了错误的信息。我需要向妻子表达感受，也想让孩子们知道这一点的重要性。我现在意识到，讨论感受确实是一种超能力，它让我成为一个更好的人、更称职的父亲和

丈夫。

关于挑战家庭"紧箍咒"的日记主题和问题
- ♦ 我们的家庭口号是什么？
- ♦ 哪个家庭成员最推崇它？
- ♦ 为什么我仍然相信这个"紧箍咒"？
- ♦ 为什么我不再相信它？
- ♦ 我希望我和家人现在的口号是什么？

摆脱被吞噬或被忽视的命运

正如我们在第二部分中所讨论的，自恋型父母可能是吞噬型的，也可能是忽视型的，有时也会二者兼而有之。作为在这种失调养育系统中长大的成年子女，这三种父母都会阻碍你发展自我意识，让你的"分离—个体化"工作成为挑战。因为如果你被忽视了，你就会试图付出时间和精力来获得父母的爱和关注。如果你被溺爱，你的所思所想、穿着搭配、内心信仰都会被影响。这些养育方式都会干扰你的情感发展，这就是为什么我说相反的养育方式殊途同归。

现在，你很可能已经确定自己是被自恋父母吞噬或忽视了，又或者兼而有之。你将在这一疗愈环节中消除该模式的影响，以便专注于自身的疗愈工作。如果你在孩提时代被忽视，那么你的康复内容就是接受过去的现实，不再试图从功能失调的家庭中获得关注和认可。相反，你可以开始把关爱和肯定留给自己。如果你在孩提时代被父母的阴影吞噬，那么你需要做的就是在心理上将自己从自恋父母提出的关于为人处世的所有要求中分离出来。你可以决定自己想成为什么样的人以及你自己想要相信什么。

37岁的贾尼丝正在努力从心理上与自恋的母亲分离，形成自己的独立人格。贾尼丝一直生活在母亲的阴影下，所以无法在朝夕内做出改变。但贾尼丝提到，她必须想出一种直截了当的说辞来阻止母亲不断插手她的生活：

> 我终于下定决心，自己一定要和妈妈说清楚。我受够了她那些关于教子、工作、婚姻甚至晚餐吃什么的无效建议。童年和青少年时期的我缺乏反抗的勇气，一直忍受着她的颐指气使。但我现在有了认真对待的人生目标，那就是从情感上与她分离，不屈服于她的指令，并努力弄清楚我想要什么。所以，每当她试图颐指气使时，我都会向她解释得很清楚："妈妈，请记住，我现在是个成熟的女人了。"

44岁的艾萨克讲述了他为了提醒自恋父亲不再插手自己生活所做的种种努力。和贾尼丝一样，他也找到了对抗父母冒犯行为的方法：

> 有天我和爸爸一起打扫地下室。他把我支使得团团转，而我已经受够了这样的行为。于是，我就停在了屋子中间，装出一副正在思考的样子。爸爸冲我大喊，问我到底在干什么。我只是回答："爸爸，我正站在这儿回想我到底多大了。"爸爸

明白了我的意思。而现在我要做的就是停下脚步，装出一副沉思的模样。每当我这样做的时候，他就会想起我已经长大成人了。

48岁的戴维讲述了一段有关他自恋母亲的奇怪经历。当他开始写下日记，回忆自己的过去并记录如何与母亲实现心理分离时，他想起了母亲多次向他传达的信息：她的需求和愿望比他的更重要——他们之间的界限薄如蝉翼。

以前上学的时候，妈妈一般会为我准备午餐三明治。但每当我在学校打开饭盒时，都会发现三明治缺了一角。她总是咬下三明治的第一口！我以前觉得这很奇怪，有种被侵犯的感觉，但也只是默默接受了她的行为。现在我意识到她一直在通过这种方式提醒我，我在她的掌控之中。通过康复工作，我审视了这一奇怪之举，将它定义为妈妈对我边界感的侵犯，和我们之间界限的缺失。现在，我正在努力掌控自己的生活，并接受妈妈永远不会真正改变的事实。

30岁的莫莉曾经对她的父亲——一名持续暴怒的忽视型自恋者，感到害怕。除了因一些小事责罚莫莉，她的父亲在其余时间基本不理会她。她大体上是个听话、害羞的孩子，渴望得到父亲的关注和爱，却从未成功过。成年后，父亲仍然没有停止大喊大叫、骂骂咧咧，直到女儿发现自己必须以牙还牙：

> 我只这么做过一次。从那天开始,我意识到自己不再害怕父亲,成为一个独立个体。他破口大骂,说我所相信的东西很蠢,还提醒我他永远是对的。我真的是受够了劈头盖脸的辱骂,于是勇敢地对他说:"爸爸,你知道吗?你就是一坨屎!我已经是成年人了,再也不用听你唠叨了。"天哪,他对我粗鲁的一面感到震惊!不过这招还真管用。

42岁的埃利基本被他那自恋的单身母亲忽视了。他尝试过很多方法来博得她的关注,获得爱和认可,但都没有真正奏效。在康复过程中,他学会了放弃期望与尝试:

> 父亲在我婴儿时期就离开了,所以我是由母亲抚养长大的。当时她是个玩心未泯的年轻妈妈,非常想要和朋友们出去玩。因此我经常一个人待在家里。即使她在家陪我,我也好像不存在一样。她一直在打电话或忙着干其他事,很少和我交流。这种感觉太孤独了,于是我使出浑身解数来吸引她的注意力。有时我会帮她的忙,而更多的时候我通过捣乱来吸引她的目光。现在我已经长大成人,而她对我本人、我的事业和家庭以及其他方面几乎一无所知。她很少打来电话,也从不来探望我们。我必须学会接受这一切,放下让她改变的执念。虽然没有家庭的感觉仍令我难过,但我不再感到那种深深的悲伤和渴望。我已经接受了她的本质,甚至不再尝试和她相处。

关于摆脱吞噬型/忽视型父母的日记主题和问题

◆ 补全这句话：我有一个吞噬型的父亲/母亲，这让我感到……

◆ 补全这句话：我有一个忽视型的父亲/母亲，这让我感到……

◆ 补全这句话：我经历过吞噬型/忽视型两种养育方式，这让我感到困惑，因为……

◆ 给你的自恋父母写一封信，谈谈他们的吞噬或忽视行为，告诉他们这对你的影响。（该信件仅用于治疗目的，请不要把它寄出去。）

总结第二步的分离与个体化工作

在本章的学习过程中，你进行了如下的康复工作：为自己和父母的心理断乳提供支持，实现你的个性化过程，成为更真实的、以自我实现为导向的个体。你的康复工作具体包括以下内容：

◆ 放下你在家庭中扮演的角色。

◆ 拥有自己的独特性。

◆ 决定退出三角关系。

◆ 意识到自恋型养育者投射的情感。

◆ 克服自恋父母的嫉妒心理。

◆ 回击内在负面信息。

◆ 挑战家里的"紧箍咒"。

◆ 摆脱被吞噬或被忽视的命运。

完成第二步的工作后，请花点时间回顾一下你在第二步中的所有日记，然后总结一下对"分离—个体化"历程的想法和见解。

关于总结"分离—个体化"历程的日记主题和问题

◆ 在与自恋型父母和自恋型家庭动态模式进行心理分离的过程中，我遇到的最大挑战是什么？

◆ 我是如何成功应对这些挑战的？还在努力解决哪些问题？

◆ 除了在自恋型家庭中学到的角色、信仰、口头禅和情感规则之外，我在哪些方面成为一个独立的个体？

◆ 为了克服在成长过程中内化的负面信息，我做了哪些努力？

◆ 哪些策略对增强我的个体意识最有帮助？

我如何知道自己是否完成了第二步分离与个体化？

当你努力完成第二步时，请开始注意自己的这些内在变化：

◆ 你现在能够感受到各种好的和坏的情绪，并学会了恰当地表达它们。

◆ 自我怀疑的焦虑正在消除，你更加相信自己，相信自己的感觉。

◆ 你不再害怕自恋的父母和他们对你的看法。

◆ 你开始定义真实的自我，并为自己点赞。

◆ 你能更自在地独处，并向内寻找人生意义。

◆ 你的内在核心变得更真实、更稳固。

◆ 你发现在人际关系中更容易表达自己。

♦ 当投射效应和嫉妒情绪出现时，你可以识别它们。

♦ 你的内在负面信息不再那么强烈。

♦ 你对自己更加宽容。

♦ 你能以更客观的方式看待家庭动态，不再被卷入家庭功能失调的泥潭。

♦ 触发创伤后应激障碍或情绪崩溃的情况减少。

接下来……

现在，你已经完成了前两个步骤，可以进入第三个步骤——重新养育受伤的内在小孩，成为真正的自己了。这一步的重点是强化你内在的养育能力，培养自我意识。

第十一章

第三步——重新养育受伤的内在小孩,成为真正的自己

> 我正在学习两件我从不擅长的事情,即自我接纳和自我同情。我曾非常依赖他人,总是把他人的感受放在第一位,不顾我自身的需求。能够真正努力发展自我是一件多么自由的事情。我在内心深处寻找到了自己!
>
> ——佐耶,32 岁

第三步是一趟引导你探索自我的转变之旅。我们将先强化你的内在养育者角色,重新养育你受伤的内在小孩,然后去发掘和发展你的自我意识。为了实现自爱和慈悲,我们需要强调自我接纳的重要性。我邀请你来探索自己的核心价值观念以及造就你本身的激情、才能和天赋。第三步还包含一个很重要的课题,那就是学会允许自己体验愉悦。

强化你的内在养育者角色,重新养育受伤的内在小孩

为了完成这项工作,你将与母性或父性的成人自我以及你的内在小孩一同努力,要利用成人的优势来重新抚育内心受伤的那部分。你可能会发现,最初的自己和许多自恋型父母的成年子女一样,因为父母的错误示范而很难知道怎么成为一个富有同情心、善于培养他人的养育者,但是,如果你耐下性子来,尝试本章中的各种练习,我相信你一定能成为内在小孩所需要的充满爱意的父母。

在设想自己成为内在小孩的父母时,如果遇到困难,就想想你是如何对待孩子们的——无论是你自己的孩子,还是你认识的不同年龄段的孩子。也想想你面对孩子时的感觉,并回答以下问题来开启这个过程:

- ◆ 你相信孩子有权利、愿望、需求、渴望、思想和梦想吗?
- ◆ 当孩子们受到伤害时,你愿意帮助他们吗?
- ◆ 你会自然而然地想对孩子和蔼可亲、同情备至吗?
- ◆ 你是否天生就想要抚慰孩子,帮助他们获得安全感?

你们中的大多数都会回答"是"。这些肯定的答案将成为你安抚和培育内在小孩的力量根源。当你置身于本章的各种练习中时,别忘了肯定自己充满爱心和热情的一面。在练习的过程中,你也可以写下日记,记录那个充满关爱之心的成人自我。

如果本章中的任何练习对你而言显得小儿科或不那么合适,你

可以跳过那个练习，尝试其他的。不同活动的效果因人而异。

找到自己小时候的照片

为了让受伤的内在小孩的形象更加具体，请你找到一些自己小时候的照片。你可以选择一张或多张任何年龄段拍下的照片，五六岁时的照片通常效果显著。你也可以搜寻一些自己处于不同发育阶段和年龄时拍的照片。

当你翻看自己的童年照片时，要特别注意自己的肢体语言和面部表情。你看着是高兴的、悲伤的、害怕的、孤独的还是焦虑的？当你看到这些照片时，请写下你的内心浮现了什么。这对你而言是很有帮助的。小时候的照片很可能会勾起回忆，而其中的一些片段可能会让你感到不安或难堪。无论在看照片时想到了什么，是你的记忆还是它们触发的感受，你都可以写下来。

我的一位来访者发现了一张母亲把她抱在腿上、远离自己胸膛的照片。照片里那位母亲伸出的双臂实则是让女儿远离了自己的身体。她抱孩子的模样看起来很不自在。另一位来访者说，在一张他与父亲坐在沙发上的照片中，他用胳膊搂着父亲，但父亲的手却放在自己的膝盖上，显然父亲不想触碰6岁的儿子。在一位女士找到的相片中，她美丽而自恋的母亲笑容灿烂，而年幼的她则面无表情地站在母亲身边。

搜集好照片之后，请用相框把它们装裱起来。相框是个象征性的物件，由你真正喜欢的元素组成，比如你喜欢的颜色、纹理或任何你喜爱的装饰品。举个例子，在挑选相框时，你可以选择自己喜欢的颜色，选择鲜花、宠物、艺术品、运动项目和乐器等方面的装饰物。我的一位来访者喜欢弹奏钢琴以抚慰自己的心灵,所以选了带有钢琴元素装饰的相框。

选好照片并将其装框后,请将它们放在你的视野之内,并确保它们能移动到你写日记的地方。成年的你将与受伤小孩对话并写下自己的感受,因此你会希望在写作时看到自己小时候的照片。

45岁的特拉维斯分享了整理童年的自己与家人的合影的意义:

> 当找到我小时候的照片时,我惊呆了。因为照片中的我看起来很悲伤。这真的让我对当时那个小孩产生了共鸣,也让我想在成年后对自己好一点。在观看家庭录影带时,我可以看到自恋的爸爸在视频中追求完美的样子,而我的妈妈则在喝止他。我们这些孩子都是一副呆滞而困惑的模样,一点也没在嬉笑打闹。所以,是的,这些练习帮助我共情了内在小孩。我为他感到难受。

克劳迪娅现今55岁。当她开始翻箱倒柜寻找童年的老照片时,她发现了一件有趣的事:

> 我发现了一张我自恋的妈妈躺在医院病床上的照片。照片里的她撑起身体,像模特一样对着镜头摆姿势。妈妈在照片背面给我写下了这样一段话:"这是你出生那天我自己照的照片。我一定是把你的婴儿照放在什么地方了!"这张照片以及妈妈写在背后的话让我对自己产生了同情。我意识到我是多么渴望养育我受伤的内在小孩。妈妈根本不爱以前的我,只爱她自己。

开始与内在小孩对话

既然已经对内在小孩有了直观的感受,你就可以开始与孩子对话了。以下是一些关于如何开始对话的建议:

- ♦ 询问孩子的感受。
- ♦ 告诉孩子你会陪伴他,你关心他的感受。
- ♦ 询问孩子现在需要你做些什么。
- ♦ 用你成人的同情心,告诉孩子你对他的感受。尽可能用善意对待内心的孩子。
- ♦ 问问孩子,当他不开心时,什么最能抚慰他。
- ♦ 向孩子保证你会满足他的需求。

练习的一开始,你可能会感觉有点违和,这是正常的。当你倾听孩子的心声时,请务必写下孩子对你说的话。如果受伤的孩子最初因为你没照顾好他而愤怒,也请不要感到惊讶。在第三步的实施过程中,请你一直重复这个练习,这样你就能经常倾听对方的心声,了解对方需要你做些什么了。

为你的内在小孩制作一个礼物盒

这个为内在小孩准备的特别礼物盒应该像相框一样代表着你真心喜欢的事物[1]。在努力重新养育受伤小孩的过程中,你可以把送给

---

[1] 相框和礼物盒的创意来自斯蒂芬妮·唐纳森·普雷斯曼和罗伯特·普雷斯曼合著的《自恋型家庭:诊断与治疗》(1994年),我在此基础上发展了我们可以采用的康复模式。

小孩的礼物放在盒子里。

对内在小孩来说，这些礼物应该有着特别的意义。它们也许是你最喜欢的糖果、玩具或花朵，也可以是你小时候喜欢做的事情、喜欢的音乐或创意活动的照片。一位来访者给内在小孩写了些诗，并把它们放在精心准备的盒子里。另一位来访者则购买了小时候喜欢的小汽车和卡车模型，把它们置于盒子内。还有一位来访者在盒子里放了她心爱的宠物的微观模型。这样的礼物不仅会让你的脸上露出笑容，也会拉近你与受伤的内在小孩的距离。

为不需要的物品准备一个遗弃箱

一些成年子女来访者喜欢准备一个遗弃箱，并在箱子里装一些来源于自恋父母的令人不快的记忆。如果你准备了遗弃箱，就可以在里面放一些图片。这些图片象征着生活中自恋父母给你的，但你不再想要的东西。它们可能包括你父母强加给你但你不喜欢的食物、衣服或活动图片。你还可以在盒子里放些字条，写下从自恋父母那里得到的令你抗拒的责罚、话术或其他负面信息。

娃娃疗法

有些来访者会对这个练习嗤之以鼻，但也有很多来访者很喜欢它，发现了它的情感疗愈作用。

请购买一个看起来像五六岁孩子的娃娃。娃娃的发色、肤色和气质都要和你小时候的样子接近。如果你能找到一个柔软的、可以抱在怀里的娃娃，那就更好了。

娃娃是你内在小孩的一个具象化实体。你可以摇它、抱它、对它说话以及爱护它。你也可以把它放在床上、沙发上、梳妆台上或电脑旁。这样一来，你就能以娃娃为介质和内在小孩对话，每天询问对方要你做些什么了。有些男性来访者可能想用身着小男孩衣服的可爱泰迪熊来代替娃娃。虽然许多男性来访者都跳过了这个练习，但体验过它的人都度过了开心的时光。事实上，有位男性来访者很喜欢带着娃娃来接受我的治疗，因为当他在接待室里抱着娃娃时，屋内的孩子会向他投去疑惑的目光——这还挺让他享受的。我们曾打趣这个行为。当我们一同练习与他的内在小孩对话时，他发现怀里的娃娃对此很有帮助。

45岁的克拉丽莎说，她觉得自己从小就开始关注受伤的内在小孩了。之前，她一直不明白为什么自己总是在后院和娃娃重复进行游戏。接受了娃娃疗法的成年克拉丽莎意识到，自己曾一直在童年的游戏中演绎自己的创伤。

我曾经带着娃娃来到外面，把它放在树下并展开它的胳膊，让其双臂伸向我。然后我会背对着它走开，再转过身来；看着向我伸手的娃娃，我会跑回去把它抱在怀里轻轻摇晃。现在，我才明白自己当时在做什么。和娃娃相处的经验对养育自我有很大帮助。

很明显，儿时的克拉丽莎曾表现出希望被抱在怀里轻轻摇晃以及被关爱的愿望。所以她把自身的需求给予了童年时期的娃娃。

把自己想象成孩子

找个安静的空间，独自一人闭上眼睛，然后把自己想象成不同年龄段的孩子。在脑海中绘制出自己小时候的样子，然后以成人的身份与孩子交谈。在交谈过程中，你要拿出百分百的亲切和仁爱之心。请倾听童年的自己，并用理解和爱来回应对方。

我曾使用一种可视化练习来协助康复过程，这令我受益匪浅。在孩子们上床睡觉后，我会闭着眼睛在摇椅上前后摇晃，把自己想象成一个小孩。我会想象出一个扎着金色长辫、穿着红色牛仔靴的小姑娘。然后，我伸出双臂请她来到我身边，让她说出我需要为她做些什么。刚开始的时候，她是一个悲愤的、用红靴子跺地板的孩子，当她和我交谈时，我意识到自己曾对她疏于照顾，而现在是补偿的时候了。我们聊到了她小时候的很多遗憾。我经常重复这类想象练习，然后把每次互动都写成了日记。

与受伤小孩谈谈如何将负面信息转变为正面信息

我们在之前谈到过被内化的负面信息，在第二步中，你已经努力找出了内心最突出的负面信息。现在，通过童年的照片和娃娃疗法，你已经对内在小孩有了更具体的认识，是时候当着内在小孩的面回击这些负面信息了。

用你的父性或母性成人自我与你受伤的内在小孩谈论这些负面信息，告诉他们信息背后的真相是什么。受教育背景的影响，自恋者的成年子女会对自己做出错误的假设。这些子女往往还对自己抱有不切实际的期望。我们需要改变这些假设和期望。举例来说，如果你内心最严重的负面信息是"我不够好",那就和你的内在小孩谈谈"为什么你是足够好的"。请用自爱和怜悯之心将负面情绪转化为积极情绪。

最初,你的内在小孩可能会对抗这种观点转变。所以你要做的就是不断安慰年幼的自己,让对方知道做自己是没有问题的。他们足够优秀,足够有价值,也值得被爱。认可这些并不意味着你一生中从未犯过错误。在人生的旅途中,我们都会犯错。但现在是时候原谅自己的错误,提醒你的内在小孩人无完人了。

要做到自爱和自我同情,我们先要做到自我接纳。自我接纳意味着接受你的全部:你的缺点和优点、错误和成就、激情和梦想。善待自己是一切的前提。在完成这一点后,你就可以用儿时照片或娃娃来练习如何给予自己爱和同情了。

通过这些练习和实践,我们能了解到自我的肯定来自内心而不是外界的声音。我们可以变成自我的强大养育者,而这名养育者将永远与我们同在,永远爱护和支持我们的内在小孩。

关于重新养育受伤的内在小孩的日记主题和问题

以下是一些附加的日记练习。它们会辅助你重新养育受伤的内在小孩,给你和你的小孩赋能。

♦ 为你受伤的内在小孩写下关于自我接纳、自我宽恕、自爱和自我同情的内容。找出哪些内容对你有用,哪些部分是你无法突破的瓶颈。

♦ 在你的日记中列出以"我是……"为开头的陈述句,告诉你的内在小孩,作为成年人的"我"是谁。你可以从简单的陈述句开始,不断深入挖掘,直到明确自己的核心性格特征。比如,你可以先写下:"我是理查德,今年45岁了。我是一个父亲,一个丈夫,一名承包商……"随后,你将关注你更深层的性格特征,如:"我很友好。我很诚实。我是个不错的伙伴。我是值得信赖的。我很善良,很有爱心……"

◆ 用母亲或父亲的口吻给你受伤的内在小孩写下日记。告诉孩子,他是慷慨善良的好人。

◆ 用成人的口吻给你受伤的内在小孩写下日记,讲述他身上你所珍视和爱护的地方。例如,"即使不同意人们的观点,你也会善待和尊重他们,这是你值得被爱的一点"。

◆ 用成人的口吻写下日记,告诉你的内在小孩,你喜欢他身体的哪些部分。用一颗充满同情、理解和仁慈的心来支持并安抚那个受伤的孩子。我们都会不喜欢身体的某些特定部分,但不要落入否定自己的陷阱,写下负面的内容。

◆ 写下你发现的对内在小孩有抚慰作用的东西,比如能让你平静下来的事物,可能是音乐、跑步、冥想、呼吸练习或拼图。

◆ 如果你的家庭相册、电影或视频里面有你小时候的样子,花点时间观看它们。随后,在日记中写下你的想法,和你的内在小孩产生共鸣。

寻找真实的自己

你已经学会了如何更好地与受伤的内在小孩沟通,并开始练习自爱和同情，现在是时候寻找真实的自己了。在第三步的这一部分，我将提供一些练习，帮你挖掘和发展真实的自我。

完成一幅代表真实自我的拼贴画

创作出一幅代表你所有重要特质的拼贴画，画中包含你的信念、热忱、梦想、激情、特殊才能和自我特质。这幅画可以包含小物件、布料、照片以及来自网络或杂志的图片，而所有这些元素都能反映出真实的你。然后，请你用自创的方法将这些元素组合在一起。画中的每件东西都应该代表你真实自我中有意义的一部分。在创作拼贴画的过程中，请深入挖掘你的自我究竟是什么样子的。

最近，一位男性来访者用他在互联网上找到的图片制作了拼贴画。作为一名音乐家，他从钢琴图片入手制作了自己的拼贴画。画中最显眼的是女人和孩子的照片，这代表了他的妻子和女儿。这幅画还囊括了来访者喜欢的其他元素，如老爷车、墨西哥美食、园艺、邮票、棒球帽和乡村空地。这幅拼贴画非常可爱，这位来访者也很享受制作的过程，还向我讲述了画中的故事。他所选择的图片反映了他的兴趣爱好、人生价值和性格特征。他的画里还有一大盘甜甜圈——我觉得这真的很可爱。

列出你业余时间喜欢的娱乐活动

请分别列出两份清单：一份是你在业余时间喜欢做的事情；而另一份是让你"开心到撒欢"的事情。在业余时间的做事清单上，你可以写下散步、阅读、园艺、看电视、修车、做手工、编织、演奏乐器之类的活动。在"开心到撒欢"清单上写下真正让你欢呼雀跃、远离生活琐事的活动。你可以列出跳舞、滑雪、轮滑、举办派对、玩家庭游戏等让你放声大笑、欢乐开怀的活动。这份清单的重要性体现在，它告诉了你该如何让快乐回归到你的生活之中。

有些成年子女会在完成上述练习时遇到困难。我曾听到过这样的反馈："我甚至不知道自己喜欢什么""我没有任何爱好"，还有"我所做的一切都是工作罢了"。如果你很难列出自己喜欢的事情，请回想一下，你小时候喜欢玩什么玩具？你自出生以来就喜欢干什么？我的一位来访者对这项练习毫无头绪，直到她想起了自己小时候喜欢什么。她回忆起：

以前，我喜欢听收音机里的乡村音乐。由此，我想出了在成年后可以做的超有趣的事情——跳乡村舞。跳舞让我感觉棒极了。当我在舞池中旋转时，所有的烦恼都烟消云散了。

重拾自己的天赋和激情

在寻找真实自我的过程中要做的很重要的一件事就是评估自己的天赋点。你是天生的音乐家、艺术家，还是运动健将？在孩提时代，你是否喜欢一些能发挥你特殊才能的活动？我们都有自己擅长的事情。承认自己的天赋并不意味着要出人头地，这方面的练习也许会帮你重拾被你抛在脑后的才能。有时，忙碌至极的我们忘记了自己早年培养的而成年后不再展示的才能。既然上天为你开了这扇窗，那我们就要好好利用它。

还记得你的激情所在吗？不是每个人都拥有激情的一面，但培养激情永远为时未晚。你是否有从未深入发掘过的兴趣爱好？你允许自己被好奇心所驱动吗？现在，是时候让自己对某件事充满激情，给自己尝尝新甜头了。这是你应得的。如果你还没有发现激情所在，那也没关系。只要开始关注自身的兴趣，并允许自己多去尝试，一切就皆有可能。随着康复工作的推进，你会发现更多关于自我的信息，也可能在这时发现自己的激情所在。

在你的日记中写下你曾展现过的，而现在想要重拾的才能，也写下你想追求的新爱好。

现年58岁的盖尔曾在20多岁时弹过吉他。在后来的岁月中，他重拾了对吉他的热情：

> 我那自恋父亲的喜好总是压过我的想法，所以音乐在我家并不受欢迎。但是，高中毕业后的我一离家就买了一把二手吉他并爱上了弹奏它的感觉。最近我在柜子后面找到了旧吉他，重新给它上了弦，并温习了一下弹奏技巧。我真的重拾旧爱了——我再次爱上了弹吉他！每当我起了兴致时，就会弹奏一曲，度过私人时光。弹奏时，我将一切都抛在脑后，只沉浸在当下的旋律之中。我真的很喜欢这种感觉。

现年49岁的唐曾在小时候制作过飞机模型，但是，现在的他已经忘了自己曾经从这项活动中获得了多少乐趣：

> 对一个成年男人来说，制作模型似乎是件奇怪的事，但我的想法是——管它呢，我自己觉得有趣就行了。更何况我很擅

长这件事。我准许自己重拾小时候的爱好。

自查你的身体健康状况

问问自己，你的身体健康和形象如何了？当你努力塑造真实的自我并给予自我更多同情心时，也是时候检查一下自己的身体状况了。是的，我们的体魄是自我形象的重要组成部分。你是否需要正视一些之前被忽略的健康问题？你需要预约医生吗？你是否有想要控制或戒掉的瘾？你是否需要在日常生活中多做运动？你的身体形象如何？你想努力改变它吗？你的睡眠是否充足？工作强度是否堪忧？你能控制自己的压力水平吗？

花点时间在日记中写下你的身体概况，并列出想要改善的部分。利用好你刚刚构建出的内在父母来努力照顾好自己吧。你受伤的内在小孩会感激你的。

评估你的偏好、价值观和信念

正如我们在书中提到的，自恋者的子女往往不得不隐藏自己的喜好、价值观和信仰。如今，成年的你可以发掘自己真正渴望、喜欢、重视和相信的东西了。

下列问题应该能帮助你思考自己是什么样的人：你喜欢什么、享受什么、对什么感兴趣、看重什么、相信什么。我希望这能引发你对一个问题的思考，即你是如何成为现在的你的。我也鼓励你每天花点时间回答以下的问题并写下自己的答案。这些问题既包含相当平凡的兴趣喜好，也囊括更深层次的价值观和信仰。在回答这些问题时，请尊重自己独特的想法和观点。你的回答将为你描绘一幅崭新的自画像——它将反映出一个真实的你。

注意：当你在日记中回答这些问题时，尽可能详细地解释你为什么会这样回答。

- ◆ 你的理想假期是什么？
- ◆ 你最想去世界哪个地方旅行？
- ◆ 你最喜欢吃什么？
- ◆ 你喜欢什么样的运动？
- ◆ 你喜欢看什么体育比赛？
- ◆ 你喜欢看什么类型的电影？
- ◆ 你喜欢阅读什么类型的书籍？
- ◆ 你喜欢哪种服装款式？
- ◆ 你最喜欢哪个季节？
- ◆ 你喜欢听哪种音乐？
- ◆ 你喜欢哪种舞蹈？
- ◆ 你最喜欢哪种运动？
- ◆ 你最喜欢谈论什么话题？你喜欢和谁讨论它们？
- ◆ 你对自己和家人的教育方式有什么看法？
- ◆ 你的政治信仰是什么？
- ◆ 你的宗教或精神信仰是什么？
- ◆ 作为父母或潜在的父母，你的育儿理念和优先事项是什么？
- ◆ 在浪漫关系中，什么对你最重要？
- ◆ 你理想中的伴侣应具备哪些个人品质？
- ◆ 你喜欢什么样的朋友？

♦ 在友谊中，你最欣赏什么品质？

♦ 什么能给你带来满足感？

♦ 什么能给你带来个人成就感？

♦ 什么能带给你快乐？

我如何知道自己完成了第三步——重新养育受伤的内在小孩，成为真正的自己？

当你完成第三步后，你将可以享受到这些关于自我肯定和生命肯定的益处：

♦ 你将感受到自己受伤的内在小孩。

♦ 你将满足和倾听受伤的内在小孩的需求和感受。

♦ 你会照顾受伤的内在小孩。

♦ 你将更加接纳自己，能够给予自己更多的自爱和同情。

♦ 你不会再为自己的错误而自责。

♦ 你将发现构成真实自我的核心要素：你的喜好、价值观、梦想和愿望。

♦ 你将从内心认可自己，而不需要那么多的外部肯定。

♦ 你将发现自己更会宽慰自我。

♦ 你将化解负面的声音，代之以更积极、更准确地反映真实情况的信息。

♦ 你将在生活中汲取更多的创造力。

♦ 你将在生活中获得更多快乐。

长颈鹿俱乐部

在上一章中,我提到了长颈鹿独特而开放的特质以及这些特质如何代表我们在自恋型家庭中的地位。与其把自己当成家中的"害群之马",不如加入自恋者成年子女的康复部落,一个我称为长颈鹿俱乐部的地方。我们要把对自己的描述从"害群之马"转变为高瞻远瞩的"长颈鹿"。

想象这样一片草地。草地的远处有高大的树木,而近处有一群马,这群马低着头,盲目地模仿着同类的行为。这群马的中间立着一只长颈鹿。它腿长颈长,能看到远处的树梢。远处有着马群看不到的东西:日出日落、梦想愿景、更多的可能性、问题的解决方式,以及自我疗愈和成长的图景。

绵羊们不停地咩咩叫,让长颈鹿安静下来,降到它们的水平线上。马群代表着我们的自恋型家庭,告诉我们:不要偏离马群,不要挑战现状,不要控诉这个家庭的问题。

而长颈鹿显然与马群格格不入。它既脚踏实地,又高瞻远瞩,能看到马群所看不到的东西。它用高耸的视角感知到更广阔的环境和更普遍的真理。把"长颈鹿"当作意象的我们可以用更自如、更深远的视角来谈论房间里的大象,也就是自恋型家庭中的功能障碍。长颈鹿是一种有力量的动物,能看清环境真相,接受治疗,也代表着自我信任的重要性。

欢迎加入长颈鹿俱乐部!

接下来……

现在,你已经发展和强化了内在自我;你庆祝了自我的茁壮成长,也能好好照顾真实的自己。如今的你已经准备好进入第四步——处理你和自恋型父母及其他家人的沟通模式。

第十二章

第四步——处理你和自恋父母及其他家人的沟通模式

> 我现在要做的事就是划清界限。我很难理解自己为什么花了这么长时间才与父母和其他家人划定边界。但我已经明白，要想让边界变得牢不可破，我就必须坚守自己的原则。虽然他们还认为我是"问题儿童"，但我已经不在乎了。
>
> ——谢丽，42 岁

作为一名刚刚康复的幸存者，你要在第四步决定如何发展与自恋父母及其他家庭成员间的关系。你的健全的自我管理能力将在这一步达成积极的飞跃。你需要了解能触发扳机效应的因素并依据它们建立和他人的边界感，这种能力将确保你的康复取得进展。这可能意味着，为了提高你的幸福感以及和成员们建立更易于处理的关系，你需要与一个或多个成员切断或减少接触。

在这重要的一章里，我们将讨论以下几个方面的内容：做出如何与家人联系的决定、边界感的建立、宽恕之道、与自恋父母及其他家庭成员打交道的方法、探讨关于哀悼的更多问题、理解自恋型家庭的养育模式以及承认你在特定家庭背景中汲取的天赋。

做出如何与家庭联系的决定

在康复初期，自恋型家庭的成年子女往往必须决定是否与其自恋父母和其他家庭成员暂时分开，以便能够在不被触发的情况下开展康复工作。我们已经在之前的内容中讨论过有关联系的问题，但正如我一贯建议来访者的那样，在进入第四步之前，请不要针对这一问题做出最终宣判。因为一旦你处理了创伤，你就可能会对是否应与自恋父母和其他家庭成员保持联系以及联系的深浅做出与最初不同的决定。康复初期的你可能会觉得切断联系是唯一的选择，但很多深入疗程的来访者会改变他们的初始想法。不过，人们确实需要立即与一些"有毒"和危险的关系做切割。我们要具体情况具体分析。

中止联系

中止联系意味着，你要根据与自恋父母和其他家庭成员的交往情况来决定是否切断和对方的联络。被选中的人将不会和你进行任何交往。通常情况下，"中止联系"的决策因人而异。你可以与部分成员保持联系，而不再和其他成员沟通。

这样的重大决定往往会让你更加难过。但在很多情况下，它有助于康复过程中的你恢复理智，重塑心理健康。

成年子女可能会采取多种方式和一个或多个成员断联。有些人会逐渐停止与家人见面，让自己和家人都习惯中断模式。另一些人则会通过写信或发邮件来告知对方。

面对即将中止联系的成年子女，我的建议是：如果决定写点什么，请简明扼要地陈述你的决定，不要在文字中责怪任何人。请记住，这是你为了自己的心理健康做出的决定，所以不必为自己正名。你只需告知你的决定是一种出于礼貌的行为，让对方感知到你的真实意图即可。

当你告知自恋父母要与其切断联络的决定时，对方往往会变本加厉，试图多次联系你。有些人不得不屏蔽父母的电话，或学会忽略邮件和短信。这些行为说起来容易做起来难，但如果切断联系是保持心理健康的必要条件，你就一定要这样做。

我们需要注意，对吞噬型和忽视型的自恋父母来说，中止联系的决定可能会引发两者不同的反应。吞噬型自恋者更可能狂轰滥炸，想尽一切办法把你拉回来。忽视型自恋者则可能顺其自然，甚至不会尝试联系你，反正他们本来也想无视你。

35岁的斯泰茜有个忽视型母亲和一个帮凶型父亲。请记住，帮凶型养育者往往是围绕着自恋者转的。他们关注的是自恋的伴侣，而不是自己的孩子。因此，当斯泰茜决定不与父母联系时，两人似乎都对此没有察觉。

我想，我妈妈更希望我能走开，这样爸爸就会只关注她一个人了。当我告诉他们我要断绝联系时，她无话可说，也没有威逼利诱。我爸爸也没说什么。我知道这是个正确的抉择，而这个抉择也验证了我在康复过程中学到的一切——父母活在自己的小世界里，而我被排除在外。

现年 56 岁的劳埃德有个吞噬型父亲。当他与父母断联时，一切都陷入了混乱。

> 当我告诉他们我需要切断和他们的联系，一个人静一静时，我的爸爸就发火了。他给我打电话、发邮件、发短信，还多次敲响我的家门。我感觉自己被跟踪了。在整个过程中，我的妻子一直维护着我的理智，使得事态最终平静下来。在远离我的生活之前，爸爸对我说了一些难听的话。当然了，他把一切都归咎于我可怜的妻子。

劳埃德和他的妻子必须在"中止联系"这一议题上保持一致。他们反复讨论如何划定界限，直到边界感成为他们生活的一部分。当他的父母试图把一切都归咎于他的妻子时，劳埃德也一直站在妻子那边。

维持社会层面的交际

我所说的"社会层面的交际"是指与自恋父母和其他家庭成员保持低接触的同时，建立一种外交式的关系。当你决定保持这种联系时，就意味着你可以和他们讲话，只是减少沟通的频率。这也意味着你接受了这样一个现实：你们之间的情感联结将不复存在，取而代之的是蜻蜓点水式的关系。接受这个现实后，你就可以拨开迷雾，理智前行了。而一旦这样做，你也就放弃了与自恋型和帮凶型家长缔结深度关系的所有期望，他们的自恋和助纣为虐的态度也不能再像以前那样伤到你了。社会层面的联系是你与家人保持最低限度交流的唯一方式。

你将通过强行设立边界来管控这种有限的接触方式——你将不允许任何虐待行为的产生，并严格控制自己与家人的沟通深度。也就是说，当你想结束沟通时，你就能拂袖而去。你可以随时挂断电话，停止发短信，以及不回复对方的所有信息。要学会倾听自己内在的感受，做些对你来说正确的事。在社会层面的交往中，你要保持轻松、礼貌的对话和互动模式，不要试图拉近对方的情感，暴露自己的软肋。这能确保你心情稳定，不被触发。焦虑和失望也会随着你的调整而消散。

正如我们在之前的章节中讨论的那样，在处理完创伤、解决好"分离—个体化"问题，并全身心接纳治疗之前，单单与自恋者保持社会层面的联系是不会真正疗愈你的，所以对此不必有心理负担。

如果你选择与家人见面，也请尽量限制与他们相处的时间。不要提及家庭功能失调等问题，而是询问他们的近况。因为你知道对方喜欢话题围着他们展开！也请不要提起你的康复进程，除非他们也在进行类似的治疗，不然很可能会防备并误解你。

52岁的来访者玛瑞丽与我分享了她的相关沟通经历：

> 经过一段时间的康复治疗，我决定和家人建立社会层面的联系。但我还是需要一些相关练习。我大约每两周给父母打一次电话，问候他们的情况。我知道谈话的内容都会是关于他们自己的——他们会谈论晚餐吃了什么，邻居都在做什么，也不

会问候我和我的家人。我不期望他们能改变，还会试着给他们讲笑话，让气氛轻松一些。我学会了保护自己的软肋，停止分享我的私生活。当然了，他们也并不会主动问我这些。

在与家人练习相关沟通方式时，65岁的杰里发现了一个有趣的现象：

当决定在"社会层面"与家人沟通时，我以为这对他们来说是件大事，但实际上，根本没人注意到我的变化。因为他们已经习惯了浅尝辄止，无论如何都不会把话题深入下去。

关于是否联系家人的日记主题和问题

♦ 如果你下定决心不与家人联系，请写下你做出决定的原因。

♦ 给你的自恋父母或其他家庭成员写一封信，告诉他们你做出了中止联系的决定。（你可以寄出，也可以不寄出。这封信主要是起到治疗的作用，帮助你明确自己决定不联系的原因。）

♦ 写下你为何害怕中止联系。

♦ 如果你决定维持社会层面的联系，请写下做出决定的原因。

♦ 写下你为何害怕维持社会层面的联系。

♦ 无论你选择哪种方式，都请写下这个决定带给你的失落和悲伤。

划定界限

划定界限指的是与自恋家人互动时划清"楚河汉界"。这意味着你百分百清楚如何与家人相处，并能发出以下声明："这是我要做的。""这是我不会做的。"划定界限有助于你的康复工作和幸福人生。

划定界限最困难的地方在于，当你受到骚扰、感到有压力或内疚时如何坚持自己的边界感。许多人不想伤害对方的感情，害怕对方不喜欢自己或抛弃自己，所以无法划定界限。如果你害怕被抛弃，那么你并不孤单。大多数自恋型家庭的成年子女已经在情感上遭到了抛弃，所以不想冒险去加剧这种感觉。但边界感是心理健康和自我关怀的重要组成部分。

虽然你能用尊重家人的方式划清界限，也不会为自己辩护太多，但自恋者仍然很棘手，他们既没有边界感，也不尊重边界。同时，他们通常不会教育其他成员建立边界。正因为这样，你的工作会举步维艰。

自恋型家庭的成员经常会被侵犯边界。让我举些例子来说明与之对应的破解方法。应对的诀窍就是，你在表达感受的同时不要干涉对方的行为。

若你自恋的母亲说："亲爱的，你胖了。要不要我给你买点减肥药？"

你说："不用了，谢谢。我的身体和体重由我自己做主，我将决定我接下来要做什么，要变成什么样子。"

若你自恋的父亲说："按你这样的理财能力，我怎么指望你照顾好你的家人？"

你说："听着，爸爸，我是个成年人，我赚的钱由我自己支配。我无法认同你对我评头论足。事实上，这对我来说是一种伤害。"

若你弟弟说:"嘿,姐姐,你为什么不和家人一起过节呢?我觉得你不尊重我们。你以为你是谁?"

你说:"我工作很忙,今年来不了了。希望你们玩得开心。"

当你的妹妹一直从你的衣柜里拿走衣服,不问你借,也不归还时,你说:"我不喜欢你拿走我的衣服。这让我感觉很不舒服,很受伤。"

若你自恋的父母说:"每次看到你的孩子,他们都像小流浪汉似的衣冠不整,这让我很难堪。"

你说:"他们是我的孩子,我会按照我认为合适的方式抚养他们。你的话伤害了我。"

若你自恋的父母说:"哇,这房子看起来就像被龙卷风扫荡过一样。你有没有想过打扫一下,或者雇个保洁?"

你说:"这是我的房子,我会自己打扫。你的话不但于事无补,还伤害了我。"

请注意上述的沟通模式——你不会插手别人的事情,但会清楚地说明自己的底线和感受(如果你选择说出感受的话)。同样地,你依然无须为自己正名。

如果不划定界限,别人就会践踏我们的情感,让我们变得愤怒而怨怼。但假使我们设定了界限,而对方却不尊重呢?这种情况下,我们就应该远离现场。你可以大步走开,挂断电话,或以任何方式脱身。你不必生气,也不必大吵大闹。你只需描述出你的边界在哪里;如果对方不尊重你,那就离开是非之地。

同样地,事情的关键在于坚持你设定的界限。记住,你不再允许任何针对你的虐待行为——我所说的虐待行为是指不尊重他人的安全和福祉，越过他人界限的行为。你无须忍耐，只需置身事外。

以下是其他一些声明自身界限的例子，你可以把它们记录下来：

- ♦ 你的话很伤人，我现在不想听。
- ♦ 虽然你觉得有必要对我说这些，但很抱歉，我要走了。
- ♦ 你的话挺有意思。（或者直接说："有意思！"）
- ♦ 我不喜欢这样。
- ♦ 你这样让我不舒服。
- ♦ 这对我不奏效。

47岁的达琳一直在努力与傲慢的父亲划清界限，并最终实现了自己的目标。她是这样对我说的：

> 我意识到我很害怕父亲。他的愤怒让我丧失了胆量。如果我没有分毫不差地按照他的要求办事，我就会很愧疚。我曾发誓一定要努力克服我的恐惧。当我意识到他不会改变时，我开始和他划清界限，这让我感受到了一种崭新的自由。现在，我只会善意地表达我会做什么，不会做什么。无论他有什么反应，那都是他的问题，与我无关。

45岁的米尔顿对所有人都感到愧疚，除了他自己。他无法理解别人的情绪，也不想在特定事情上提出不同意见，以免雪上加霜。换句话说，由于习惯性地把自己当成了和家人互相依存的照顾者，他没办法在家里营造出健康的自我边界。当我们讨论这一模式时，他是这样说的：

> 我从小就知道我是为了别人而存在的，我自己的需求并不重要。我那自恋的母亲说得明明白白，她声称我必须照顾好别人——我的弟弟、她和我的父亲。曾经的我理所当然地被当作家里的支柱。当我明白自己处于一种不健康的相互依存模式时，我意识到自己可以学着设置一些界限来抵抗别人的侵犯。我现在感觉自己像变了一个人。

正如我们在本书中所讨论的，在自恋型家庭中，我们学到了错误的爱的定义。对自恋者的孩子来说，爱要么意味着我能为你做什么，要么意味着你能为我做什么。这种错误的定义滋生了依存关系。我们将在下一章中进一步讨论这个问题，重要的是，你要知道，当你停止互相依存，并设定界限时，可能会觉得自己没有付出爱意。这就是因为在自恋型家庭的影响下，你误解了爱的定义。

关于划定界限的日记主题和问题

◆ 写出在划定界限过程中遇到的障碍。

◆ 写下与家人划清界限的恐惧。

◆ 写出与家人划定界限时遇到的困难。

◆ 写出你的家人中谁最难与人划清界限，以及你认为的原因。

◆ 如果你划定了界限，是否有人试图让你感到内疚？写下相关内容。

- ♦ 你是否认识很有边界感的人？写下你尊重他们的原因。
- ♦ 当你划清界限时，是否有感到内疚的倾向？写下相关内容。
- ♦ 写下对你有用的划清界限的声明。
- ♦ 当你掌握了划定界限的新方法时，为自己点赞，并写下相关的心路历程。

宽恕之道

别人是不是经常告诉我们要放下过去，原谅一切？如果我们不能宽恕他人，就一定意味着我们是坏人吗？而另一方面，也有些人认为宽恕意味着放过罪犯。

就任何形式的虐待经历来说，我认为宽恕对方的虐待行为是一种放过自己的方式。这并不是要你放过罪人，而是让你熄灭内心复仇的怒火，以免它吞噬你的内心。如果你能放下一切，原谅自恋父母或其他家庭成员，你就会变成更幸福的那个人。

刘易斯·史密斯是一位神学和伦理学教授，他在《羞愧与恩典：治愈我们不该有的羞愧》中这样说道：

> 决定宽恕对方的人往往是第一个，也是唯一一个因原谅而自我痊愈的个体。当真正学会宽恕时，我们就释放了一个囚犯，而那个囚犯正是我们自己。

我们可能想放下对自恋型父母的怨愤，但原谅本身也是种挑战。父母往往无法对自己的虐待行为负责。他们并不认为自己的教育和行为方式有什么不对——而你显然会更容易原谅一个真心悔过的人。但真正的悔意和责任感,也就是人们心理健康的关键——在自恋者身上并不常见。那么,我们该如何才能做到宽恕呢?

虽然朋友和家人常告诉我们"过去的就过去了",但事情并没有那么简单,尤其是涉及童年创伤时。我们都知道,做好康复工作是恢复健康的灵丹妙药。正如我们在本书最后学到的,康复是一个过程。一旦你身处康复过程,我可以向你保证,放下执念且宽恕他人正是其中的一味良药。你只需给它一定的时间,让它真正发挥效用。

正如38岁的莉莉告诉我的那样:

> 在治疗初期,我根本无法释怀。我对自恋的妈妈充满了愤怒和悲伤之情。当人们跟我说,我应该原谅她,让一切都过去时,我真想冲着这群不明真相的人大喊大叫。当走到这一康复步骤的时候,我懂得了宽恕的力量。我的诀窍在于驾驭自己的创伤。

莉莉所说的"驾驭自己的创伤",是指接纳和处理自身感受,以抚平童年的创伤。

43岁的沙恩出身于宗教家庭,被灌输了"宽恕是唯一正途"的思想。他接受治疗是为了解决自恋型家庭的原生问题:

> 教会告诉我要宽恕和遗忘,永远行走在人间正道上。但我的感受怎么办呢?我是否该忘记爸爸对我做的一切?我陷

入了困境，需要帮助。而学会宽恕之道则有助于我继续前行。我并没有原谅父亲的虐待行为，而是不再让仇恨占据我的大脑。

一些人则很难原谅过去的自己。在康复的早期阶段，你可能会发起反击，或与家人发生冲突，不知道如何处理自恋型原生家庭的创伤。也许那时的你说过一些让自己后悔的话，做过一些让自己后悔的事。请记住，人无完人，你可以原谅自己因境界不足而犯下的错误。生命的旅程就是如此。

关于宽恕之道的日记主题和问题

◆ 在学会宽恕的过程中，你遇到的最大困难是什么？

◆ 写出你的个人价值观，以及它们与宽恕的关系。你接受过哪些关于宽恕的教育？

◆ 写一写如何宽恕自己。人无完人，这一点很重要。在了解自己的创伤之前，你可能会以你不喜欢的方式对它做出回应。你现在能原谅过去的自己吗？

和其他家庭成员打交道

鉴于你对自恋型家庭动态模式的了解，你需要考虑关于其他家庭成员——帮凶父亲或母亲和你的兄弟姐妹的一些问题。你该如何处理与这些成员的关系，使你的康复治疗有效进行下去？

帮凶型父母

有些自恋型家庭中有两个自恋养育者,而最常见的二人组是自恋型养育者以及围着他转的帮凶。可悲的是,这两种模式都无法满足子女的情感需求。作为自恋者及其帮凶的成年子女,你可能会发现帮凶型父母给你造成的创伤更多。

比如,为什么帮凶型养育者不保护你?为什么对方总是站在自恋者那一边?帮凶型养育者是"不合格父母联盟"里的一类,他们无法满足你的需求。为了处理好与这类养育者之间的关系,你需要做哪些恢复工作呢?假如对方同意的话,你可以将他们纳入家庭治疗之中。假如他们不同意(这种情况比较常见),你可能就需要重温一遍之前的康复步骤了。在这次的康复中,你需要把重点放在帮凶型父母身上。由于当时他们未能站出来保护你,你的心灵受到了伤害。这是你需要消化的一个议题。

有些成年子女会与帮凶型父母联系紧密,而有些自恋型父母认为这种联系威胁到了自己的地位,因此不鼓励孩子和伴侣靠得太近,这就导致一些子女疏远了作为帮凶的一方。无论你的家庭情况如何,为了自身的康复,你都需要找到和帮凶型父母的和平共处之道。你要自行抉择是否和对方断绝联系,或让父母中自恋的一方代替你做出选择。我的来访者贾丝明就属于后者。

29岁的贾丝明有一个自恋的母亲和一个帮凶父亲。成年后,贾丝明与父亲保持着一定的联系,而她的母亲为人冷漠,和她基本上没有任何联系。贾丝明和家人正在计划一次度假旅行,旅行地点离她父母住的地方很近。尽管贾丝明不打算见她的母亲,但她还是希望她年幼的儿子能见到外公。

我想见爸爸，也想让儿子见外公。我邀请爸爸和我们一起吃午餐，和他共度美好时光，但没有邀请妈妈。爸爸没法接受我对妈妈的拒绝，而我知道原因。他害怕妈妈生气，也没办法站起来反抗她。因为他拒绝前来，所以现在我又回到了和他基本没有联系的状态。这让我感到非常难过，但我也在学着接受现实。我知道现实就是如此，我无法控制这一切的发生。

45岁的罗伯特一直在挣扎着与帮凶母亲保持联系。母亲和家里的其他人都害怕父亲暴怒，害怕他在不顺心时掌控一切的做派。最终，罗伯特鼓起勇气和母亲聊了这件事，并找到了和母亲保持一定联系的方法。他告诉我：

当我和妈妈提到这个话题时，我挺害怕的，但我还是告诉她我可能不会再跟爸爸联系了，只想和她联系。她同意在爸爸上班或出城时和我打电话聊天、发短信和电子邮件。虽然她并不喜欢这样，但她也想和我保持联络。我们都为这件事感到非常难过。但现在情况还好，总比和她完全失去联系要好。

兄弟姐妹

正如我们讨论过的，自恋型家庭中的孩子往往会扮演替罪羊、流放儿童和掌上明珠等角色。随着时间的推移，这些角色可能会发生变化，而独生子女最终可能会扮演所有角色。这取决于自恋型父母的需求，他们的需求总是优先于孩子。

如果你有亲近的兄弟姐妹，那你就是幸运的。我鼓励你与对方分享和处理你的家族史。如果你们一起参与了康复过程，就可以互相讨论并分享日记内容。假如有个能和你谈论家庭动态的兄弟或姐妹，你的康复将有迹可循，且你会获益良多。

我在研究和临床实践中发现了一个不幸的事实，即在自恋型家庭中长大的兄弟姐妹成年后往往并不亲密。这是因为家里没有人鼓励他们在情感上相互亲近和支持。反之，他们很可能面临着比较、竞争、嫉妒和彼此拆台的情况。

如果你与兄弟姐妹的关系不亲密，这可能是你要面对的另一重大损失。我见过许多康复中的成年子女努力尝试与兄弟姐妹建立联系，却失望而归。通常情况下，对方对康复不感兴趣。他们可能会因为家庭功能失调的暴露而感到受威胁，可能想继续否认事实，或者因为兄弟姐妹破坏了他们"完美"的家庭形象而愤怒。

如果你在自恋型家庭中学会了和别人相互依赖（我们中的大多数人都是如此），你可能会试图"修复"这个家庭，让家人大团聚，但无法如愿。你的努力可能会带来更多失落和挫败感。请注意：摆脱依赖会带来积极的影响，即学会照顾自己而不是专注于对方。虽然我能理解你希望与兄弟姐妹建立更亲密的关系的心理，但你与自己之间的健康关系才是最重要的。

60岁的贾内尔和姐姐关系很好，可以一起处理家庭动态议题。但是，每当这对姐妹提起家庭的负面影响时，家里的两个哥哥就会倍感威胁。贾内尔解释说：

虽然和姐姐的聊天让我感到满足，但哥哥们很少和我们说话，我们几乎不联系。他们把我们姐妹俩称为"疯子"。我们因此也错过了和侄女侄子说话的机会，失去了家庭大团圆的可能性。而这是我们双方都需要的。这让我们很烦恼、很难过。

在和贾内尔的聊天中，我们谈到要学会接受哥哥们的局限性，同时也要努力与其他非直系亲属建立个人联系，比如侄女和侄子们。

现年52岁的卡尔有个哥哥，两人在自恋父亲和帮凶母亲的抚养下长大。他们兄弟俩一个是替罪羊，一个是掌上明珠，彼此对立。经常被拿来比较的二人最终变得非常好胜，直到今天仍然如此。被当作替罪羊的卡尔告诉我：

明白家庭失调模式的我并不怪罪哥哥，但似乎也无法与他建立亲密关系。他似乎继承了父亲的一些自恋特质，把我视为家庭中的"失败者"。他和父母都把我往外推，不接受我现在的样子。虽然我庆幸对自我的接纳，但我还是有一种不被他人接受、不合群的感觉，这让我很失落。

卡尔不得不回到第一步去努力接纳哥哥身上的局限性。虽然他已经学会接纳父母的局限性，但哥哥的问题需要单独解决。

自恋型的家庭环境会影响到家庭中的每个人。要治愈你在该环境中落下的后遗症，你需要处理好和每个家庭成员的关系。你们的共同努力是康复工作中的重要一环。下面的日记练习将协助你完成这项任务。

关于处理和其他家庭成员关系的日记主题和问题

♦ 描述你的帮凶型父母和你希望与他们建立的关系。

♦ 给你的父母写一封信，说明他们在抚养你的过程中怎样伤害了你。（这封信只用于治疗目的，不可寄出。）

♦ 描述你的每个兄弟姐妹，重点关注他们觉知家庭失调的能力如何。

♦ 写出你面对父母和兄弟姐妹所感到的失落和悲伤。

♦ 如果你是自恋型家庭中的独生子女，请写下这对你的康复有何影响。

♦ 写出在你与原生家庭的关系中，哪些是你可以改变的，哪些是你不能改变的。

♦ 写下在与家庭成员的关系中，你可能需要接受的部分。这将有助于你的康复进程。

了解大家族内的育儿传统和自恋渊源

人们往往会自觉或不自觉地用父母教育自己的方式来养育子女。这些人可能不会专门培养自己的育儿观，也不会思考这样的育儿方式会产生什么影响。举例来说，如果你的父母是专制自恋型的，那么你可能会在不知不觉间以同样的方式教导儿女。你会苛责、羞辱和惩罚孩子，而不是使用循循善诱、包容共情的教育方法。

那么，被自恋者养大的你是否会遗传到自恋的育儿方式呢？事实上，人们常常错误地理解和对待自恋本身，所以自恋特质是可以在家庭传统中隐蔽地代代相传的。尽管如此，大多数自恋者的成年子女还是告诉我，他们在成长中学到了一些为人父母时要避免的问题。

如果你对家族内的教育和自恋模式了然于胸，这对你的康复大有裨益。父母的自恋细胞源于何处？他们是否由自恋者抚养长大？他们的同辈是否由自恋者抚养长大？有时，自恋的父母会谈论他们的成长经历，以及父母的为人，你可以从这些家庭系统中找到自恋的蛛丝马迹。但由于家庭系统中既存的否定模式，他们往往不愿意谈论自己的童年。尽管如此，你的康复还是依赖于对家庭史的了解（其中包括大概的家庭教育思路和独特的自恋史）。如果无法从父母那儿了解到这些，你也许可以拜访姑姑、叔叔、祖父母或他们的好友，让他们与你谈谈小家和大家族里的既往行为模式。

虽然社会价值观和对父母的期望确实在随着时代更迭，人们的处世哲学和信仰体系也可能产生变化，但我没发现自恋在代际更迭中愈演愈烈的情况。因为自恋是一种个体内部的人格障碍，在集体文化中并不一定显现。当你回顾自己家族的几代人时，你就能明白差别所在。你可能会在家谱中发现这样的亲戚：无论他们来自哪一代，当时的社会观如何，他们都知道如何提供同理心和建立情感联系。

举个例子。我的祖母出生于1901年，在大萧条和"二战"期间生下孩子们。在那个时代，人们只顾孩子温饱，却无暇照顾孩子的心灵。然而,祖母却是我生命中遇到的最有爱心、有教养、有情感的人。她那代人都很自强不息;但在与所有人,尤其是与孩子们的交往中,祖母身上洋溢着爱、温暖和俏皮。

关于自己家庭的育儿史以及可能的自恋倾向,你又有哪些发现?

关于大家族内育儿传统和自恋渊源的日记主题和问题

◆ 在你的家庭中(直系亲属之外),是否有人可以与你讨论大家族的历史?找出这些人,并记下他们的名字。

◆ 与这些成员就大家族的养育史展开对话,并在你的康复日记中记录下这些内容。

◆ 问问你信任的亲戚或他们的朋友,写下他们如何看待你小时候的样子,如何看待你父母的养育方式,以及他们对你祖父母的了解。

◆ 如果你的大家族成员还不熟悉自恋的含义,你可以用这些问题与他们展开对话:

你的童年快乐吗?

你觉得父母爱你吗?

你觉得自己在成长过程中得到了足够的关注吗?

你的父母是否与你谈论你的感受?

父母是否倾听你的心声?

当父母对你不满时,他们是如何管教你的?

你的个性是得到鼓励,还是必须被塑造成家庭期望的样子？

你的母亲或父亲是否特别在意别人的看法，而不是你的感受？

在自恋型家庭中长大的你
是否收到过任何（非物质类的）馈赠？

在看到上面的标题时，你可能会矢口否认："我只学到了一件事情，那就是我不想成为我父母那样的人。"但是，人和环境并不一定非黑即白，你的经历也不总是非好即坏。

来到这一康复步骤的你请想想自己都得到过哪些非物质馈赠。回想你父母的特殊才能和品质，以及他们是如何将这些特质传承给你的。

举个例子。在母亲去世后，我的回忆纷至沓来。我回忆起了她的许多特殊才能。她是一位出色的厨师、面点师、园艺师、钢琴和风琴演奏家、音乐家、歌唱家，还会抖空竹。她会贴壁纸、缝纫、编织、钩针、针刺，还是个工艺品爱好者。她工作极其勤奋，做事井井有条，是个很称职的管家。我继承了一部分她的优秀才能，但不是全部。

我认为我从父亲那里传承了优秀的职业道德、自律精神和对舞蹈的热爱。父亲还是一个狂热的收藏家，能欣赏藏品中蕴含的感情。

即使成长在一个自恋型的家庭中，我还是得到了来自父母双方的馈赠。

你可能也继承了父母的好奇心与智慧或者他们在音乐、艺术、机械或建筑方面的能力。想想这些代代相传的积极特质吧，它们既有趣又鼓舞人心。

作为自恋型家庭的孩子，我们必须充分认识并接受情感联结、同理心、关爱和滋养的缺乏。但作为家庭的成员，我们同样可以为自己获得的一切心存感激。

关于感恩自恋型家庭馈赠的日记主题和问题

♦ 盘点你父母的才能和特质，并把它们写下来。

♦ 评估你拥有哪些天赋、能力和特质，并把它们写下来。

♦ 给父母写一封感谢信（不要寄出去），感谢他们送给幼小的你的礼物。

接下来……

现在，你已经想好了如何在康复过程中处理你和家人的关系，并准备好进行第五步——走出畸形之爱带来的阴影。

一路走来，你已经克服了重重困难。我为你感到骄傲！

第十三章

第五步——走出畸形之爱带来的阴影

> 我在第五步获得的最大成果是明白了一件事：我曾在无意识中被熟悉的模式所吸引，因此我的朋友和恋人似乎都是自恋者。这就好像我举着个霓虹灯，上面写着："我爱自恋狂！"而现在我看到自恋的苗头就跑了。
>
> ——丹，37岁

第五步的重点是帮助你——一位自恋型家庭的幸存者——培养自我意识，让你不会在当前的生活中重蹈覆辙。在康复过程中，你可以选择如何与伴侣、朋友和孩子等对象相处。这可能要求你结束和自恋者的关系，或者严格限制与对方的互动。这一行为可能会让你更难过。但是，在处理好这种难过后，你的生活将迎来无限的可能性，包括获得真实的、不受旁人约束的快乐和幸福的机会。

在本章中，你将学习到共情式育儿方法，健康而彼此扶持的亲密关系,以及互惠互利的友谊之道。我还将提供监控自恋倾向的工具,让我们能控制或完全消除这些倾向。

我们的康复对于摆脱自恋的遗传阴影至关重要。如果我们能康复,那么后代就再也不必受自恋之苦了!

既然我们的故事起源于自恋者子女的身份,那么,通过学习如何为人父母,我们就能解开童年的心结。

共情式养育

大多数自恋型家庭的成年子女会告诉你,他们在内心深处害怕自己变成父母的样子。而自恋的反义词是共情。因此,如果我们已经为人父母或有这方面的打算,但又想避免自己重蹈覆辙,那么我们的首要任务就是学习共情式的养育方式。

什么是共情式养育?它意味着,当孩子闯祸时,我们要尽最大努力理解和确认对方的感受,然后再采取行动。这个核心守则几乎适用于所有情况,但不排除有一个例外:如果孩子处于危险之中,我们就必须把保护对方放在第一位。例如,如果年幼的孩子跑到街上,你必须先阻止他们,再采用共情式育儿法。但在大多数情况下,共情和确认对方的感受是我们的首选。

回想自恋家长的育儿方法,你很可能会意识到自己既没有被看到,也没有被听到。自恋父母很可能教导你遵守他们的规则,漠视自己的感受,你也就变得不愿意表达感受了。而在共情式养育中,一切都与感受有关。它意味着关心并承认孩子们的感受,让他们知道自身感受是真实存在的。这并不意味着父母要对孩子处处妥协。

相反，父母会从全方位理解孩子，同时也教导孩子遵守规则，做正确的事。作为父母，你仍然要管控孩子。因为如果父母对孩子放任不管的话，孩子会没有安全感的。但与之相对的是，你不能控制孩子的感受，他们有权感知自己的内心。

让我们来看看共情式养育的基础流程。它分为以下五个步骤：

1. 帮助孩子识别他们的感受。
2. 将孩子表达的感受复述给他们听，确保你理解正确。
3. 对孩子的感受给予肯定和同情。
4. 在完成前三个步骤之前，请忽略引发这些感受的源头。
5. 最后，找到引发孩子感受的源头，并解决它。

我们如何开始帮助孩子识别感受呢？如果你是在自恋型家庭中长大的，就有可能错过了这堂课，也许，在帮孩子识别感受的同时，你可以帮自己训练出同样的技巧。请记住，自恋的父母认为子女的感受并不算数，而你要用新的技巧来引导孩子，让孩子知道自身感受是重要的。

要了解孩子如何辨识感受，幼儿是最好的观察对象。这些幼儿还小，不太了解，也不知如何表达自身的感受，需要我们后续的引导。幼儿通常会用打、踢、哭、抱怨、噘嘴、扔东西等方式来表达自身的感受。你可能会想，这其实和我自恋父母的行为方式很相似！没错。因为自恋者在很小就陷入了情感困境，所以经常表现得像个6岁小孩。

3岁的派珀正在和同岁的朋友阿曼达玩耍，两人产生了一些摩擦。让我们看看派珀是如何处理自身感受的。圣诞节刚过，幸运的派珀得到了奶奶的圣诞礼物——一个新娃娃。派珀对这个娃娃爱不释手。但你猜阿曼达是怎么想的？没错，阿曼达也想玩这个娃娃。于是她走过去，拿起娃娃，开始摇晃它的身体。派珀吓了一跳，心想：那是我的娃娃！于是她走过去推倒阿曼达，夺走娃娃，然后大哭。对于阿曼达抢走娃娃这件事，派珀感到非常难过，但不知如何确认以及处理自己难过的情绪。

如果派珀的父母采取的是非共情的反应，他们可能会责备女儿不分享玩具，并让她把娃娃还给阿曼达。他们甚至可能会惩罚派珀，告诉她今天不能再和娃娃玩了。如果他们这样做了，派珀就会一头雾水，完全不知道发生了什么。她可能觉得自己无缘无故变成了坏女孩。毕竟她的想法是这样的：那是我的娃娃！阿曼达不应该拿走我的娃娃！

但如果派珀的父母有同理心，他们就会按照前述的五条规则来处理情况：

首先，共情型的家长会蹲下并平视派珀的眼睛，问她有什么感觉。如果派珀不能确定是什么感觉，共情型家长会给她一些提示。例如，他们可能会说："亲爱的，怎么了？你为什么不开心？"即便派珀因为阿曼达的事情发狂，她也可能没办法将自己的情绪理解为疑惑和愤怒。

其次，如果派珀不能确定自己的感受，共情型家长可以说："亲爱的，阿曼达想要玩你的娃娃，我打赌你一定很生气吧？"派珀可能会点头,然后继续哭。

然后,共情型父母会对派珀的感受表示同情和尊重,他们可以说:"亲爱的,我理解你的感受。阿曼达想和你心爱的娃娃玩,这给你带来了麻烦。因为你并不想分享你心爱的娃娃。我在小时候也有你这样的感觉,所以你的愤怒是正常现象。我们都有感情,都有生气的权利和时刻。现在,让我们来谈谈你的愤怒吧。"这样,派珀就有机会表达她的重要感受了。她会感觉到自己被倾听、被看见,被共情式父母所尊重。一旦这样做了,孩子的心情往往就会安定下来。这时候我们就更容易引导孩子进行下一步了。

最后,共情式家长可以讨论关于分享玩具的问题,帮助两个小女孩分享娃娃,或者想出其他解决方案。阿曼达也可以谈谈自己为什么这么想玩娃娃。

而其中最重要的环节就是允许孩子拥有自己的感受,在制订解决方案之前,我们要先将这些感受正常化并加以确认。如果你反复实施这些步骤,你就会知道,共情孩子的感受可以有效缓解孩子的怒气,还可以慢慢让对方学会如何识别和处理自身感受。这样的话,孩子们就会明白,有感觉是没关系的,谈论感觉是一件好事。

如果对象是年幼的孩子,我们可以从对方能体会到的基本感受入手,如生气、悲伤、高兴和害怕。在很多情景中,你都可以潜移默化地告知孩子这些感受的意思。在治疗幼儿时,我们会画出对方生气、悲伤、高兴和害怕的表情,并谈论每种感觉。你几乎可以在网上找到所有年龄段的情绪图表，把它贴在冰箱上或家里方便的地方。也许你也需要一份成人情绪图表呢！

这种识别和讨论感受的过程适用于各年龄段的孩子。让我们以小学三年级的学生巴里为例。巴里的父母不知道儿子在学校里被同学欺负了。有一天，巴里在醒来后宣布他不要上学了，他说他讨厌学校，而且肚子疼。这对巴里的父母来说是个新消息。在此之前，巴里一直热爱上学，是个出类拔萃的学生。

如果父母没有同理心，他们就会大谈特谈上学的重要性，并宣布，既然儿子没有发烧，那就"没什么可说的了，赶紧去上学吧"！

而共情式的家长会遵循以下几个步骤。

首先，父母会确定巴里是否真的生病了，然后询问他的感受，问问他发生了什么事。通常情况下，如果父母能够听进去的话，巴里这个年龄的孩子会倾诉他的经历和感受。事实上，孩子需要你的陪伴、倾听和理解。当巴里告诉父母在学校发生的欺凌事件时，父母会帮助他识别出自己不安和害怕的感觉。

其次，巴里的父母肯定他的感受，并对其表示同情。他的父亲可能会说："我理解你的感受，当同学在学校里嘲笑或威胁你时，你一定会感到害怕。"

最后，父母会开始讨论如何解决校园霸凌问题，而不会把巴里说成不想上学的坏孩子。

以上步骤也适用于青少年。例如，15岁的奥利维亚想在周六晚上和朋友们参加派对，但父母不认识举办者，所以不放心她出门。他们告诉女儿不能去参加派对，奥利维亚开始大发雷霆，一边责骂父母，说自己恨他们，一边摔打卧室的门。

没有同理心的父母会对女儿的行为很来气，在大喊大叫的同时，也会立即开启惩罚模式："你竟敢这样跟父母说话！你至少一周不准打电话！"

而共情式父母会冷静实施这几个步骤。而且他们会先共情、识别女儿的感受。

首先，因为父母不允许奥利维亚和朋友们一起玩，她觉得自己被朋友们"落下了"；对此，她表达了自己的愤怒和不悦。她的父母会确认这种感受的合理性，并对女儿想要会友的需求表示理解。

之后，父母的肯定会让奥利维亚冷静下来，她会倾听父母这么做的原因和相对的解决方法。虽然父母坚持自己的原则，表示一定要知道举办方的信息才能放行，但他们也会帮助奥利维亚想办法，告知她过两天就可以和朋友聚会了。他们教导女儿要尊重他人，但不会因为女儿强烈的情绪而惩罚她。他们意识到了一件更为重要的事，即帮助奥利维亚管理自己的情绪。

以上这些共情式父母关注孩子的感受，而不是苛责孩子。虽然上述这些例子似乎很常见，但我还是从成年子女那里听到了很多令人沮丧的故事：在表现出强烈的感受后，他们遭到了自恋父母的制裁。在这样的家庭中，孩子们不能因烦恼而给父母带来负担，所以他们的感受也就得不到承认和尊重。

这五条共情法则的妙处在于，它们适用于所有类型和年龄段的人际交往。我们在亲密关系治疗中也会教导这些规则，让伴侣们学会倾听彼此、分享脆弱、识别感受、相互肯定和共情。

核心育儿观念

除了以共情为导向的养育方式外，很多其他核心观念也将帮助你走出畸形之爱投下的代际阴影。

向孩子们展示你如何自爱以及如何珍视他们的——两者同样重要

如果你是在自恋型父母的抚养下长大的，且内化了"我不够好"的信息，那么就请你学会珍视自己和你的孩子。这也许就是你康复的最大动力。孩子受到的身教多于言传。当你意识到这一点，并成为自我认可和自爱的榜样后，你将在内化负面信息时有所警醒。请确保你的孩子始终知道他们是被爱、被接纳的，就如同你会爱护和接纳自我一样。

重视人的本质，而不仅仅是个人成就

这与上一条核心观念密切相关。我们很容易把注意力集中在"我的孩子是足球运动员"或"我的孩子会跳芭蕾舞"上，但请记住，我们要看重和肯定的是孩子作为人的价值。你要寻找那些能揭示孩

子个性的特征：他们如何待人，他们认为什么最有趣、最重要，他们的好奇心，以及他们如何处理内心的失落感。我有个朋友经常赞美她9岁的儿子。这些赞赏往往反映了儿子善良敏感、关怀他人、充满好奇心的品质，以及他善良的本性。虽然这个孩子在其他领域，尤其是体育竞技领域出类拔萃，但母亲观察到了儿子的方方面面。请你这样爱你的孩子（或者其他任何人）——去爱他们的本性，而不是爱上他们的成就。

引导和示范责任感的重要性

责任感的概念贯穿了整本书。自恋狂向来对责任不感兴趣，但我们一定要教孩子对自己的行为负责。在引导这方面的品质时，请注意不要责备孩子，也不要让孩子蒙羞。学会承担责任是保持心理健康的关键。如果我们在养孩子时能认识到人无完人，并引导孩子去承担行为的后果，那么我们就赢在了起跑线上。请承认自己在生活中犯下的错误，为孩子树立榜样。举个例子，也许你有时会像大多数父母一样头脑发热，冲孩子大吼大叫，而当你向孩子道歉，并坦言自己希望能以不同的方式处理这种情况时，孩子就能学到如何对自己负责了。

避免给孩子灌输特权观念

特权感是自恋者的特征之一。虽然我们想要珍惜、爱护以及无条件地去爱我们的孩子，但我们也不想让孩子们觉得他们比别人更重要，或应该得到比别人更多的东西。我们都必须学会排队等待。我们并不总是能拿到号码牌、拔得头筹以及得偿所愿。如果我们对孩子的善举和贴心行为加以鼓励,那是件美妙的事情,但这并不意味着我们应该向孩子传达这样的信息:因为他们比别人强,所以他们在人生中应当得到比别人更多的东西。我们可以用健康的方式示范这种观点,用言语告诉孩子,当我们没得到自己想要的东西时,或者当事情没有按照我们的意愿发展时,我们都要接纳失望之情——它是生活的一部分。

发展、应用你珍视的品质

还记得在康复中你是如何努力形成自我价值观的吗?你需要在养育子女的过程中活用这些观念。如果你清楚地意识到自己珍视的品质,你就可以在孩子的生活中植入相关的教育。假设你非常看重"善良"这一特质,你可以用仁爱之心对待家人、朋友和其他人,让孩子从你的行为中看到一个善良的榜样。你也可以在日常交往中让孩子学着善待他人。假设你非常重视良好的职业道德,你不仅可以在生活中体现健康的职业观,让孩子看到你认真负责的行为,还可以温柔地鼓励孩子用适合自己的方式完成家务,这一切都能帮他们培养良好的职业观。

做个真实的人

真实性意味着展现我们的核心理念、我们的软肋,与我们所爱的人(包括孩子)分享真实的感受和自我。当你和孩子在一起时,与其摆出一副模范父母和完美人类的模样,还不如勇敢做自己。这种坦诚也意味着允许孩子拥有强烈的感受,并以适当的方式表达感受。你的孩子并不一定总得兴高采烈或温文尔雅的。如果他们表现出伤心、悲痛、暴怒的感受，这都没有关系。和我们一样，孩子也是普通人。为了能让他们公开谈论不开心的感受，你应该以身作则。如果你某天心情欠佳，就可以将这种感觉表现出来，让他们知道你在坦诚地展示自身感受。孩子们能感觉到父母的虚伪，也能从父母的真情流露中明白，他们可以展示出真正的自我。

建立家庭等级制度

在用爱和同理心引导孩子时，也请建立完善的家庭等级制度。当孩子明确知道你是掌舵人，而你的工作就是照顾他们时，他们会感到安全。你的职责是从各个角度教导和爱护孩子，而不是让孩子反过来照顾你。

正如我在书中提到的，在自恋型家庭中，父母的需求优先于孩子的需求。为了防止自恋特质的隔代遗传，你需要把孩子的需求放在首位。作为父母，你有责任设定界限和规则，并期望孩子遵守这些。与此同时，你要维持一致的、可被预见的育儿态度。当我们完全建立充满爱的家庭等级制度时，孩子就会学会信任你、求助你、依赖你。

敞开心扉

为人父母是一份艰辛的工作，我们都会在这个过程中犯错。请始终敞开你的心扉，让孩子能向你倾诉他们经历的一切。无论你的孩子是3岁还是30岁，这个理念都不过时。你只需要告诉孩子，他们可以向你倾诉任何在家遇到的烦恼，而你可以毫无芥蒂地和孩子们讨论他们关心的事。你们无法回到过去，无法弥补过往的遗憾，但你们可以一起努力治愈当下。

关于秉持核心养育观念，避免代际阴影的日记主题和问题

◆ 上网查找可用于不同年龄段孩子的感受图表。这些图表由描绘各种情绪的面孔组成，如伤心、愤怒、害怕。孩子可以指出代表自身感受的面孔，你可以鼓励他们描述出这些感受。

◆ 写下自家孩子的崩溃经历，以及如果你当时能共情孩子，情况可能会有什么不同。其中也包括你希望自己当时能说出口的话。

◆ 写下你使用共情式养育法的经历。

◆ 写下你是如何以身作则承担责任的。

◆ 写下你是如何教导孩子人人平等的。

◆ 写下你想教给孩子的最重要的价值观。

◆ 写下你如何重视孩子的本质多于其成就。

◆ 写下你是如何教孩子学会真情流露的。

◆ 写下你在维持稳定的家庭等级制度时遇到的困难。

◆ 写出你所爱的每个孩子的优点。

◆ 写下你是如何教孩子学会共情的。

亲密关系

人们已经围绕健康与贫瘠的亲密关系发表了很多论述。本节将特别关注一点：自恋型家庭的成年子女要做些什么才能避免爱上自恋者。

我在临床工作中发现，没有被治疗的人们会被一种熟悉的模式吸引——这种模式可能来自我们的原生家庭。如果你在一个自恋型家庭中长大，那么你和自恋者可能会像磁石一样彼此吸引。当意识到自己在失调的家庭模式中长大，而如今又在恋爱中重蹈覆辙时，你将遭到毁灭性的打击。

我无法历数我曾治疗、采访过多少人，又有多少人曾给我发过相关邮件。这些人都在自恋型家庭中长大，然后与自恋者建立了浪漫关系。这种模式如此普遍，以至于它成为我第二本书《我该如何挣脱你》（*Will I Ever Be Free of You?*）的主题。

很多自恋者的成年子女都会为失败的恋爱关系感到羞愧，其实大可不必。如果你在自恋模式的影响下只学会了畸形之爱，如果你没有健康关系的模式可循，那么不知者无罪。为了最终不与自恋者产生爱情，你需要的是治愈自我。不幸的是，自恋者的成年子女普遍拥有自恋的伴侣。如果这种情况没发生在你身上，那么你应该感到庆幸。

以下是健康爱情关系的几个特质。虽然这些特质在我们自恋型的家庭中得不到体现，但我们可以自己培养。

互相扶持

如果生长在一个自恋型家庭中，你就会曲解爱的定义。你认为爱就是"你能为我做什么"，或者"我能为你做什么"。一旦习得这种畸形的观念，你就很容易陷入依赖关系或相互依存的关系。依赖型人完全依靠他人而活，是索取的一方。而相互依存型人则是照顾者和给予者。这两种角色都不健康，都会导致不尽如人意、麻烦重重的恋爱关系。

在健康的关系中，两人是互相扶持的，这意味着伴侣之间有平等的付出和回报。有时你是给予者，在对方需要时付出；有时你在情感和物质方面依赖对方。在互相扶持的关系中，伴侣既是对方的照顾者，也是接受对方照料的人。爱、关注和支持是在双边流动的。

60岁的阿梅莉亚有着一系列失败的情感经历。为此，她来到心理治疗中心，试图搞清为何自己总是被同样的人吸引，而恋情也总是以失败告终。因为选择了错误的伴侣，她羞愧难当；因为害怕重蹈覆辙，她基本放弃了再与任何人交往：

> 我觉得自己是个笨蛋。我总是选择百分百需要我照顾的伴侣，但这类伴侣总是图我的钱。起初我还能接受这种模式，但后来就变得非常反感。后来我明白，那种害怕被抛弃的心理让我一直依赖着那些不待见我的人。因为一直无法选择真正爱我的人，所以我的感情经历都以失败告终。

阿梅莉亚需要正视她的依赖性与自恋型家庭的关系。她在治疗中意识到，只有当她按照自恋母亲的要求去做时，自己才会受到母亲的重视。她必须把家里打扫得干干净净，参与母亲感兴趣的活动，甚至按照母亲的喜好打扮。如果她的行为让母亲满意，母亲就会高看她一眼。这让阿梅莉亚学会了照顾别人，却也让她忘记了好好照顾和珍视自己。

50岁的尼克安静、谦逊、适应能力强，且善于人际合作。但这样的他有着过分依赖伴侣的倾向。尼克成长于一个自恋型家庭中，父亲要求他按照特定方式行事和打扮，在学习、运动、交友和职业生涯等各个方面，他都要听从父亲的指示。虽然尼克在事业上取得了成功，并独自生活了几十年，但早年被迫不停取悦父亲的经历影响了他的亲密关系：

> 在治疗过程中，我了解到自己在践行一种依赖伴侣、任由他们摆布的情感模式。我会在一段时间内感觉良好，但随即又感觉丢失了自我。我也不明白为什么，但我从不觉得我可以在伴侣面前流露真情。我喜欢别人照顾我，但同时又讨厌被照顾。这让我想起了我的父亲，那个控制着我生活中一切的人。

阿梅莉亚和尼克都承认，自己在关系中不满意的地方都源于他们在自恋型家庭中习得的熟悉的模式。他们都在努力自我疗愈，改变成长中自我内化的不健康模式，最终也都找到了可以互相扶持、彼此尊重和关爱的伴侣。

信任

正如我们在前几章中讨论的，信任受损是自恋型家庭带来的结果。请与你的现任伴侣或任何潜在伴侣分享你在信任方面的缺失。它是一项重要的个人信息，请不必为分享它而感到羞愧。如果你的现任伴侣或潜在伴侣关心你，他们就会了解到你的信任缺失是有原因的，而你已经意识到了这一点，并正在疗愈自己。如果伴侣明白了你的努力和决心，那么你们之间与之相关的摩擦就会减少。

如果你的低信任力导致了关系中的问题，那么，是时候与擅长自恋型家庭动态的治疗师约一次伴侣咨询了。当两人都明白发生了什么时，一切就会变得更易解决和治愈。

情感层面的亲密度

自恋型家庭中还缺少一份支持健康关系的特质，即人们在情感层面的亲密度。在亲密关系中，只有暴露软肋和学会共情才能拉近彼此情感上的距离。这意味着你要分享你的真实感受，而你的伴侣也是一样。你们也可以在关系中借鉴刚刚我提到的共情式养育法：

♦ 明确每个人的感受。
♦ 再次确认你们两人都理解对方所表达的感受。
♦ 承认并理解对方的感受。
♦ 努力解决引发这些感受的源头。

吸引伴侣的基本特质

两个人能彼此吸引的基本原理是什么？当我们还是青少年时，身体上的化学反应似乎是吸引某人的内核；但身为成年人的我们对吸引力有了更深刻的理解。强烈而健康的吸引力很可能是身体、智力、情感和品质的复合体，还有，别忘了相似的兴趣爱好（如今，也许相似的政治观点也算是志同道合），以及我们认为引人注目或有趣的个性元素。而最关键的一个条件是，我们的真实性格和价值观与伴侣或潜在伴侣相吻合。在自恋型家庭里，父母没有教育我们去关注一个人的性格和价值观。而作为成年人的我们会注意到这样一个事实：虽然我们可能会被一个体魄健康、心智健全的人吸引，但如果对方的性格和核心价值观与我们的不一致，那么这段关系就不一定会稳固或健康。

关于亲密关系的日记主题和问题

♦ 写下你在亲密关系中所处的模式。你倾向于被依赖还是依赖他人？抑或两者都有或都没有？

♦ 你对自己的关系模式感到羞耻吗？评估你要原谅自己的部分，并写下共情自我的相关内容。

♦ 写一写你在亲密关系中和伴侣互相扶持的瞬间。

♦ 写下你与伴侣在一起时的感受。

♦ 你的伴侣是否能激发出你最真实的一面？

♦ 你们的关系中是否存在信任问题？写下你的顾虑。

♦ 写出你如何在你们的关系中发挥同理心。

♦ 写出你吸引伴侣的要点。

友谊

通常情况下，自恋型家庭的成年子女会在友谊方面经历和爱情相似的挣扎。如果你的父母是自恋型的，那么你不仅会被自恋型的伴侣吸引，还会交往自恋型朋友。同样，这种与自恋者的持续联系可以归因于熟悉的模式的吸引力。要承认你的友谊类似原生家庭中的不健康关系可能会很困难，因为我们往往必须放下这些友谊，才能完成康复。

让我们来看看健康或不健康友情中的一些共同主题：

划定界限

如果你的朋友有自恋的特质，你可能会发现自己不得不设置新界限来保护自己。例如，如果朋友想在你忙碌时煲电话粥，你就需要善意地表示你要工作，只能聊一小会儿。又或者，如果朋友想出去看场电影，在外面待到很晚，而你太累了，你只需要说你没空，可以等状态好些再约。

界限的划定可能会让你担心朋友不再理解、尊重和喜欢你，甚至可能害怕对方抛弃你。但坚守界限是重要的，否则你就会发现自己陷入一种不健康的模式，而这种模式与你试图从中康复的家庭模式并无二致。而一位合格的朋友会尊重并理解你设限的需要。

互惠互利

如果你生长在一个自恋型家庭中，那么你很可能没有经历过多少互惠互利的情况。现在，是时候在一切人际关系中高度重视它的重要性了。

你是否发现自己在友谊中总是给予者？你是否总是第一个打电话攒局的人？你是否体贴入微，总在朋友不舒服或困难时看望他们，却因从未得到回报而受伤？你的朋友是否总是过于专横——他们不会建议你，而是命令你？在你们的友谊中，付出和回报是否对等？或者说，你是否因为这段关系缺乏互惠性而不爽？

由此，你可能会揪出朋友圈里的自恋狂。而你的眼前会突然出现一个岔路口：你要决定是否和这个人继续交往。

嫉妒

作为自恋型家庭的成年子女,我们通常会在原生家庭中感受到嫉妒。自恋家长可能会嫉妒你与帮凶型养育者或其他家庭成员的关系。在自恋型家庭中长大的子女之间可能一直会相互竞争,无法和彼此分享个人成就。

你的友谊是否也产生了嫉妒的裂痕?在一段健康真实的友谊中,人们能够分享自己的奋斗史和成功史,而不必担心朋友的嫉妒心。一位合格的朋友不但会同情你的困境,还会为你的成就喝彩。

同理心

同理心,即能体会、证实和了解感受的能力——是一段稳固、健康的友谊所必不可少的。但是,由于自恋型家庭的成年子女习惯了没有同理心的家人,于是也就接受了没有这项条件的友谊。但同理心是衡量友谊的重要品质。你是否发现朋友无法共情你?当你选择与某人成为朋友时,你是否会考虑这个人是否能与你产生共鸣?富有同理心的人是无价之宝,也是希望的守护者。

关于友谊的日记主题和问题

◆ 写下你对友谊的担忧。

◆ 写一写与哪些朋友在一起时,你可以做真实的自己。

◆ 写一写当你需要共鸣时,你的朋友是否会展现同理心。

◆ 写一写你的朋友是否为你的成就喝彩。

◆ 写一写你的朋友是否欣赏真实的你。

- ◆ 写一写你的朋友是否激发了你的潜能。
- ◆ 写下你与某些朋友在一起时的感受。
- ◆ 写一写你和朋友之间的付出和回报是否基本对等。
- ◆ 写一写你与朋友划清界限的尝试。
- ◆ 写下一段你可能不得不放弃的不健康友谊。
- ◆ 写一写你自己成为合格朋友的能力。

摒弃自恋特征

在自恋型家庭中长大的你可能会学到一些自恋的特质。但这并不意味着你就是自恋者。如果你认为自己继承了某些特质，那么可以在康复过程中努力克服它们。

以下是《精神障碍诊断与统计手册（第五版）》列出的九种自恋特质。请扪心自问，评估自己是否正在与其中某些特质做斗争。你可能会发现自己在其中某些方面需要改进，但这无伤大雅。

- ◆ 我是否夸大了我的成就，声称自己做了一些没有做过的事情？我是否表现得好像自己比别人更重要？
- ◆ 我对爱情、美貌、成功、智慧的想法和渴求之心是否不切实际？我是否在这些事情上寻求支持？
- ◆ 我是否认为自己是如此特殊和独一无二，以至于只有最好的机构和最高学术水平的专业人士才能理解我？
- ◆ 我是否需要一直被人仰慕，到了无以复加的地步？
- ◆ 我是否有一种优越感，希望得到与他人不同的待遇和更高的地位？

♦ 我是否利用他人来获得我想要或需要的东西？

♦ 我是否缺乏同理心，因此永远看不到他人的感受或需要？我能设身处地为他人着想吗？我能表现出共情吗？

♦ 我是否嫉妒他人并与他人竞争，或者我是否不合理地、毫无逻辑地认为他人嫉妒我？

♦ 我是不是一个自鸣得意的人，在朋友、同事和家人面前表现得傲慢和"高人一等"？

你还可以参考本书附录的《精神障碍诊断与统计手册（第五版）》中的"自恋型人格障碍诊断标准"。

正如我们之前讨论的那样，如果你能够共情他人，在情感上与他人保持一致，那么请放心，你不是一个自恋者。

关于评估自身自恋特质的日记主题和问题

♦ 请查看附录中的"自恋型人格障碍诊断标准"，写下任何你认为自己可能正在努力克服或想克服的部分。

♦ 写一写你的共情能力和在情感上体察他人的能力。

♦ 写一写你是如何自我接纳的。

♦ 写下有关自我责任感的内容。

康复工作告一段落

如今的你可能已经通读了本书的康复步骤，对此有了整体的概念，并准备实施康复的五个步骤；抑或，你已经按照步骤开始自我疗愈，踏上了康复之旅。最重要的是，你要为自己所付出的艰辛努力点赞。请保存好你的日记，它能让你回头看到自己走了多远。

  康复工作是个贯穿一生的课题。有时你得走回头路，不得不重复某个步骤，但这真的不算什么。因为如今的你已经敞开了心扉，以一种崭新无畏的态度思考和了解你的家族史，走出过去的阴霾，迈向了自由自在的新生活。

  现在，我希望你已经理解了自恋型家庭的动态模式，并意识到它对你的影响。你已经掌握了自我疗愈的妙方。我鼓励你忠于自己的价值观，坚持属于自己的真理，做真实的自己。

  我的心将永远与你们同在。

附录　自恋型人格障碍诊断标准

资料来源：美国精神病学协会《精神障碍诊断与统计手册（第五版）》，66—70页。

该障碍指一种弥漫性的自大模式（该模式体现在幻想和行为中）、对赞美的需要和同情心的缺乏；类似的症状从成年早期开始显现，并在不同场合中有所展现。

1. 自视甚高（如夸大自己的成就和才能，在没有取得相应成就的情况下，期望他人认为自己高人一等）。

2. 沉迷在对无限成功、权力、辉煌、美貌或理想爱情的幻想之中。

3. 认为自己是特别的、独一无二的。只有特殊或地位高的人（或机构）才能理解自己，或与自己交往。

4. 需要他人的过度崇拜。

5. 需要被授予权力（即不合理地期望得到特别有利的待遇，或别人自动满足自己的期望）。

6. 人际剥削（即利用他人达到自己的目的）。

7. 缺乏同情心：不愿承认或认同他人的感受和需要。

8. 经常嫉妒他人或认为他人嫉妒自己。

9. 表现出傲慢自大的行为或态度。

WILL THE DRAMA EVER END?: UNTANGLING AND HEALING FROM THE HARMFUL EFFECTS OF PARENTAL NARCISSISM by KARYL MCBRIDE, PH.D
Copyright © 2023 BY KARYL MCBRIDE, PH.D.
This edition arranged with SUSAN SCHULMAN LITERARY AGENCY, LLC
through BIG APPLE AGENCY, LABUAN, MALAYSIA.
Simplified Chinese edition copyright:
2024 Beijing Goodreading Culture & Media Co., Ltd.
All rights reserved.

© 中南博集天卷文化传媒有限公司。本书版权受法律保护。未经权利人许可，任何人不得以任何方式使用本书包括正文、插图、封面、版式等任何部分内容，违者将受到法律制裁。

著作权合同登记号：字 18-2024-234

图书在版编目（CIP）数据

家庭的羁绊 /（美）卡瑞尔·麦克布莱德著；赵玉炜译 . -- 长沙：湖南科学技术出版社，2024.12.
ISBN 978-7-5710-3322-4

Ⅰ. C913.11

中国国家版本馆 CIP 数据核字第 2024K647T2 号

上架建议：心理学·原生家庭

JIATING DE JIBAN
家庭的羁绊

著　　　者：［美］卡瑞尔·麦克布莱德
译　　　者：赵玉炜
出 版 人：潘晓山
责任编辑：刘　竞
出 品 方：好读文化
出 品 人：姚常伟
监　　制：毛闽峰
策划编辑：刘　雷
特约策划：颜若寒
特约编辑：赵志华
营销编辑：刘　珣　焦亚楠
封面设计：郑力珲
版式设计：鸣阅空间
出　　版：湖南科学技术出版社
（湖南省长沙市芙蓉中路 416 号　邮编：410008）
网　　址：www.hnstp.com
印　　刷：北京美图印务有限公司
经　　销：新华书店
开　　本：880 mm × 1230 mm　1/32
字　　数：209 千字
印　　张：9
版　　次：2024 年 12 月第 1 版
印　　次：2024 年 12 月第 1 次印刷
书　　号：ISBN 978-7-5710-3322-4
定　　价：58.00 元

若有质量问题，请致电质量监督电话：010-59096394
团购电话：010-59320018